ロールプレイングからジグソー法まで

中学校社会科
授業を変える
学習活動の工夫 45

Aoyagi Shinichi
青柳慎一 著

明治図書

はじめに

　これからの社会は，ますますグローバル化や高度情報化，少子高齢化が進み，変化の激しいものになっていきます。
　平成20年告示の中学校学習指導要領では，社会科においても，基礎的・基本的な知識，概念や技能の習得に努めるとともに，思考力・判断力・表現力等を確実にはぐくむため言語活動の充実を図り，社会参画に関する学習を重視することが求められました。
　さらに，新学習指導要領では，何事にも主体的に取り組もうとする意欲や，多様性を尊重する態度，他者と協働するためのリーダーシップやチームワーク，コミュニケーションの能力等をはぐくんでいくことが一層求められてくるはずです。

　これまで，私は『中学校社会科　授業を変える板書の工夫45』『中学校社会科　授業を変える課題提示と発問の工夫45』（いずれも明治図書）において，自分自身の授業づくりを振り返り，指導法の改善や授業スキルの向上について考えてきました。その中で，当然のことながら，「板書」や「課題提示」「発問」の工夫は，常に生徒の学習活動との関連でとらえる必要がありました。そこで，今回は「学習活動」を柱に据えて，社会科授業の工夫・改善について考えてみることにしました。
　学習活動は，生徒が学習目標の達成に向けて主体的に取り組む学習の営みです。生徒にとって，学習活動は知的探究の営みであり，試行錯誤しながら技能を高めたり，友だちと活動しながら多様な価値観に触れたりする場です。では，知らなかったことがわかる喜びや友だちと学び合う楽しさが味わえる，ワクワク感の湧き出る学習活動を展開するにはどうすればよいのでしょうか。これからの社会を生きる生徒に対して必要となる「学力」を社会科として，どのように育てていけばよいのでしょうか。本書の課題意識がここにありま

す。

　第1章では，学習活動を工夫するポイントや，学習活動を授業展開の中で位置付けていくポイント，教師の役割について述べています。

　第2章には，地理的分野16，歴史的分野14，公民的分野15，の合計45の授業事例を掲載しました。この中には，その単元ならではの学習活動もありますが，多くは，他の分野や単元でも設定することができます（いくつかの事例は，前掲の2冊の中でも取り上げています）。

　いずれの授業事例も，どのように授業を展開すればよいのか試行錯誤する中でまとめたものであり，まだまだ改善すべき点が多いと思います。にもかかわらず，ここに提案させていただくことにしたのは，互いの実践の成果と課題について情報を発信し，多くの先生方と共有することが，授業改善の方策を考えるうえで意味があると思っているからです。実際，私自身，研修会や授業研究会等で指導いただいたこと，書籍から学んだことなどを基にして，毎日の授業の工夫改善を考えています。この点で，本書が少しでもお役に立つことができれば幸いです。

　本書の出版に当たりましては，明治図書出版株式会社の矢口郁雄氏に大変お世話になりました。ここに厚く御礼申し上げます。

2016年3月

青柳　慎一

Contents

はじめに

1 毎日の社会科授業の学習活動を考える

1　社会科授業と学習活動 ……… 10
2　学習活動を工夫するポイント ……… 11
3　学習活動を授業展開に位置付けるポイント ……… 14
4　学習活動の展開と教師の役割 ……… 17

2 授業を変える学習活動の工夫45

作業的な学習

地球儀を使って世界の地域構成を大観させる ……… 24
　地球儀の活用（地理的分野　世界の様々な地域　世界の地域構成）

地球儀と地図を比較しながら日本からの距離を比べさせる ……… 26
　地球儀の活用（地理的分野　世界の様々な地域　世界の地域構成）

クイズを出し合わせて国名知識の定着を図る……28
　クイズの活用（地理的分野　世界の様々な地域　世界の地域構成）

教科書からアフリカ州のモノカルチャー経済の成り立ちをとらえさせる……30
　教科書の活用（地理的分野　世界の様々な地域　世界の諸地域）

ピンポン球にかき込んで日本の位置や領域をとらえさせる……32
　球体の活用（地理的分野　日本の様々な地域　日本の地域構成）

風景から気候の特色を読み取りグラフと結び付けさせる……34
　写真パネルの活用（地理的分野　日本の様々な地域　世界と比べた日本の地域的特色）

地方を概観するためのワークシートに地図帳を使ってまとめさせる……36
　地図帳の活用（地理的分野　日本の様々な地域　日本の諸地域）

年表から時代の特色を示す出来事を書き出させる……38
　年表の活用（歴史的分野　歴史のとらえ方）

絵巻物の読み取りから時代の特色を考えさせる……40
　写真パネルの活用（歴史的分野　中世の日本）

教科書の記述を基に歴史的事象の特色を図にまとめさせる……42
　教科書の活用（歴史的分野　中世の日本）

地球儀を使ってヨーロッパの大航海時代をとらえさせる……44
　地球儀の活用（歴史的分野　近世の日本）

資料の読み取りから学習課題を追究させる……46
　資料の活用（歴史的分野　近世の日本）

開戦を伝える当時の新聞記事から日本の動きを読み取らせる……48
　新聞の活用（歴史的分野　近代の日本と世界）

教科書の記述を表に整理し「新しい権利」についてまとめさせる……50
　教科書の活用（公民的分野　私たちと政治　人間の尊重と日本国憲法の基本的原則）

体験的な学習

様々な活動を通して野外観察や地域の調査の仕方を身に付けさせる……52
　野外調査（地理的分野　日本の様々な地域　身近な地域の調査）

野外観察を通して身近な地域の歴史を調べさせる……56
　野外調査（歴史的分野　歴史のとらえ方）

遺物模型を観察して土器の特色をとらえさせる……58
　遺物模型の活用（歴史的分野　古代までの日本）

シミュレーション教材を活用して事象を疑似体験させる……60
　シミュレーション教材の活用（歴史的分野　近代の日本と世界）

シミュレーションを通して選挙についての理解を深めさせる……62
　模擬選挙（公民的分野　私たちと政治　民主政治と政治参加）

模擬裁判を通して裁判の流れや考え方について理解を深めさせる……64
　ロールプレイング（公民的分野　私たちと政治　民主政治と政治参加）

言語活動

イラストマップに学習したことをまとめさせる……66
　イラストマップづくり（地理的分野　世界の様々な地域　世界各地の人々の生活と環境）

世界の国や地域の特色を調べ学習新聞にまとめさせる……68
　学習新聞づくり（地理的分野　世界の様々な地域　世界の様々な地域の調査）

自分の調べた国を掛け地図で示しながら説明させる……70
　掛け地図を使った発表（地理的分野　世界の様々な地域　世界の様々な地域の調査）

分担して調査したことを１枚の地図にまとめて発表させる……72
　地図によるまとめ（地理的分野　日本の様々な地域　身近な地域の調査）

小学校との接続を考慮して歴史の流れをまとめさせる……74
　歴史の流れのまとめ（歴史的分野　歴史のとらえ方）

源頼朝と東国の武士の主従関係をスキットで表現させる ……………………… 76
　スキット（歴史的分野　中世の日本）

ポスターの形で学習したことをまとめさせる ……………………………………… 78
　ポスターづくり（歴史的分野　近世の日本）

自分の思考の揺れ具合をカードに表現させる ……………………………………… 80
　カードの活用（歴史的分野　近代の日本と世界）

提示された場面における民衆の想いを考えさせる ………………………………… 82
　ロールプレイング（歴史的分野　近代の日本と世界）

発表学習で学んだことを伝え合わせる ……………………………………………… 84
　グループ内発表（公民的分野　私たちと現代社会　私たちが生きる現代社会と文化）

広告を見比べさせ，利用上で注意すべき点を話し合わせる …………………… 86
　広告調べ（公民的分野　私たちと経済　市場の働きと経済）

新聞記事の読み取りを通して政治の動きに関心をもたせる …………………… 88
　新聞の活用（公民的分野　私たちと政治　民主政治と政治参加）

主体的・協働的な学習

互いの情報を伝え合い総合して全体像に迫らせる ………………………………… 90
　ジグソー法（地理的分野　世界の様々な地域　世界の諸地域）

新聞記事から日本の自然災害の様子を読み取らせる …………………………… 92
　新聞の活用（地理的分野　日本の様々な地域　世界と比べた日本の地域的特色）

調べたことをキーワードや短文で示しながら発表させる ………………………… 94
　発表（地理的分野　日本の様々な地域　日本の諸地域）

インタビューしたことを基に現代社会の変化をとらえさせる …………………… 96
　情報の分類（公民的分野　私たちと現代社会　私たちが生きる現代社会と文化）

スキットを通して悪質商法に対する理解を深めさせる …………………………… 98
　スキット（公民的分野　私たちと経済　国民の生活と政府の役割）

モデルディベートを通して基本的人権について考えさせる……………… 100
　モデルディベート（公民的分野　私たちと政治　人間の尊重と日本国憲法の基本的原則）

気づいたことをカードに書き出し整理することで思考を深めさせる……… 104
　ブレーンストーミングとKJ法（公民的分野　私たちと国際社会の諸課題　世界平和と人類の福祉の増大）

貿易ゲームを通して国際社会の抱える諸課題に着目させる……………… 106
　シミュレーション教材の活用（公民的分野　私たちと国際社会の諸課題　世界平和と人類の福祉の増大）

社会参画学習

意志決定を迫る場面設定をして生徒の多様な意見を引き出す……………… 108
　話し合い（公民的分野　私たちと現代社会　現代社会をとらえる見方や考え方）

駅のバリアフリーの取り組みを観察し「権利の保障」の視点から考察させる… 112
　施設見学・調査（公民的分野　私たちと政治　人間の尊重と日本国憲法の基本的原則）

身近な地域の街づくりに関する4つの提案の優先順位を話し合わせる……… 114
　ランキングの活用（公民的分野　私たちと政治　民主政治と政治参加）

追究したことをレポートに論述させる…………………………………… 116
　レポートづくり（公民的分野　私たちと国際社会の諸課題　よりよい社会を目指して）

単元構成

様々な学習活動を組み合わせて課題追究型の学習単元を構成する………… 118
　課題追究型の単元構成（地理的分野　日本の様々な地域　日本の諸地域）

参考文献

1 毎日の社会科授業の学習活動を考える

1 社会科授業と学習活動

　私は，授業設計の手順として，まず，その授業で取り扱う学習内容を押さえ，生徒の実態を踏まえて指導目標を設定します。次に，目標を達成させるための授業展開を考え，具体的な学習活動を位置付けます。ここでの学習活動とは，学習目標を達成するためになされる生徒の活動を意味します。本書では，中学校社会科の学習活動を，社会科の目標にある能力，態度を育成し，我が国の国土と歴史に対する理解と愛情を深め，公民としての基礎的教養を培い，公民的資質の基礎を養うためになされる生徒の活動ととらえます。

　社会科は，よく「内容教科」「理解教科」と言われますが，教師が一方的に知識を注入する形の授業展開に終始したのでは，社会科の目標を達成したとは言えません。生徒の社会に対する関心を高めることや，資料活用の技能，思考力などの育成を意識して，生徒が主体となる学習活動を適切に位置付け，授業展開を工夫改善していく必要があるのです。そして，そのような学習の過程を経て，生徒の社会認識を深めていくことが大切なのです。そこで，本書では単元構成や授業展開も含めて学習活動の工夫を考えることとします。

　今日，知識基盤社会化やグローバル化が進む中で，社会科でも基礎的・基本的な知識，概念や技能の習得に努めるとともに，思考力・判断力・表現力等を確実にはぐくむため言語活動の充実を図り，社会参画に関する学習を重視することが求められています。そのために，体験的な学習や基礎的・基本的な知識及び技能を活用した問題解決的な学習を重視するとともに，生徒の興味・関心を生かし，自主的，自発的な学習が促されるよう学習活動を工夫することが必要です。

　さらに，これからの時代を創造的に生きていく生徒を育てるために，何事にも主体的に取り組もうとする意欲や，多様性を尊重する態度，他者と協働

するためのリーダーシップやチームワーク，コミュニケーションの能力等をはぐくんでいくことが一層課題になると考えます。その方策の1つとして，課題の発見・解決に向けて主体的・協働的に学ぶ学習（いわゆる「アクティブ・ラーニング」）の充実が注目されています。

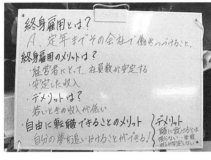 

話し合ったことをボードにまとめる　　各班のボードを読み，ワークシートにまとめる

2 学習活動を工夫するポイント

では，毎日の授業の中でどのように学習活動の工夫に取り組めばよいのでしょうか。本書では，次の4点に着目して考えることとしました。

❶**知識，概念や技能の習得**を踏まえた学習活動の工夫
❷**言語活動の充実**を踏まえた学習活動の工夫
❸**主体的・協働的な学習の充実**を踏まえた学習活動の工夫
❹**社会参画に関する学習の重視**を踏まえた学習活動の工夫

❶知識，概念や技能の習得を踏まえた学習活動の工夫

教師の説明を中心に知識を注入する形の学習にとどまっていたのでは，知識や概念を習得させることはできません。活用できる知識とするには，単に覚えるのではなく「理解」を伴うことが必要だからです。そのため，**「考察を通して理解し，知識として身に付ける」**という**学習の過程**を学習活動の中に組み込んでいくことが必要になります。

技能の習得では，実際に**作業的な学習**を通して身に付けさせることが有効です。技能は，活用することで習熟していきます。計画的に技能を活用する学習活動を設定していくとよいでしょう。

　生徒の社会認識は，社会とのかかわりを通して深まっていくものです。そのため，**体験的な学習**を工夫し，適切に指導計画に位置付けていくことがポイントになります。体験的な学習には，野外観察や見学，調査などの直接体験，遺物模型の観察や模擬選挙などの疑似体験，シミュレーションなどの模擬体験，視聴覚教材を通して景観をとらえる間接体験などがあります。

❷言語活動の充実を踏まえた学習活動の工夫

　私たちは，言語を使って考え，理解し，表現しています。そこで，生徒が主体的に学習に取り組み，思考力・判断力・表現力等を確実にはぐくむ学習活動を工夫するポイントとして，言語活動の充実がカギになります。

　ここで，言語活動を，言葉による操作や表現だけでなく，記号や図表，地図などを含めてとらえることとします。地図や図表，写真，統計などの読み取り，地図や年表，図表での表現は，**社会科らしい言語活動**と言えます。

　また，自分の考えを広げたり深めたりするには，他者と意見交換したり発表し合ったりする学習活動が効果的です。価値判断や合意形成の過程で，話し合う場面が必要となることもあります。このようなコミュニケーション能力の育成の視点からも，意見交換や，話し合い活動，討論といった言語活動を，社会科学習の中でも適切に設定していく必要があります。

ペアを組み意見交換する

意見交換したことを黒板に書き出す

❸主体的・協働的な学習の充実を踏まえた学習活動の工夫
　グローバル化や情報化が進み，様々な社会の変化やそれに伴う諸問題を抱えるこれからの社会を生きる生徒にとって，基礎的・基本的な知識・技能だけではなく，創造力，批判的思考力，コミュニケーション能力，コラボレーション能力，ICT活用能力などを培っていくことが求められると考えます。そのためには，自主的，自発的な学習が促されるよう学習活動を工夫したり，協働的な学習活動を意図的に組み込んだりする必要があります。
　ここで，本書では主体的な活動を**「生徒が主体的に課題をとらえ，その解決に向けて能動的に取り組む学習」**ととらえることとします。例えば，問題解決的な学習や課題追究的な学習の工夫などが考えられます。また，協働的な学習を**「生徒同士が教え合ったり協力して課題を追究したりするなど，学習者相互のかかわりの中で学び合う学習」**ととらえることとします。ジグソー学習は，協働的な学習を意図的に組み込んだ学習方法の１つと言えます。

❹社会参画に関する学習の重視を踏まえた学習活動の工夫
　社会の諸問題の解決に向け，他者と連携・協働し，地域の課題解決を主体的に担うことができる力を身に付け，**主体的に社会の形成に参画し，その発展に寄与する態度を養う学習の工夫**が，社会科でも求められています。
　例えば，地理的分野の身近な地域の調査で，野外観察や調査を通して地域の課題を見いだし，それを地理的な見方や考え方から考察するような学習活動を設定することができます。その学習成果を公民的分野の地方自治の学習につなげ，よりよい地域社会の実現について考えさせる学習を展開することも考えられます。公民的分野では，国民一人ひとりが政治に対する関心を高め，主権者であるという自覚を深め，主体的に社会に参画することが大切であることについて考えさせていきます。そこで，現代社会の見方・考え方，基本的人権や選挙などの政治参加，税についての学習などでも，生徒と社会とのかかわりを踏まえた学習活動を工夫することができます。また，社会科のまとめとして持続可能な社会の実現という観点から，社会的な課題を探究

し自分の考えをまとめる学習が位置付けられています。

3 学習活動を授業展開に位置付けるポイント

社会科の授業は，学習活動の展開の仕方や学習形態，教材などの組み合わせにより多様な工夫が考えられます。ここでは，学習活動を授業展開に位置付けるポイントとして，次の4点に着目しました。これらの点について，下の図に示した授業展開例を基に考えてみたいと思います。

❶授業の目標を見据え，**適切に**学習活動を位置付ける
❷生徒の実態や学習経験を踏まえ，**計画的に**学習活動を位置付ける
❸**教材の特色を生かして**学習活動を位置付ける
❹**学習形態を工夫して**学習活動を位置付ける

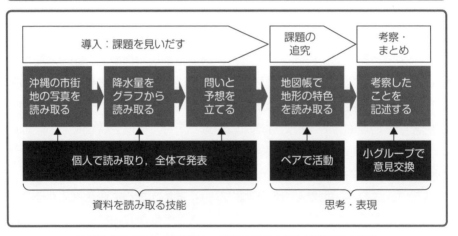

地理的分野「日本の諸地域」で沖縄を取り上げた授業展開の概略

❶授業の目標を見据え，適切に学習活動を位置付ける

この授業では，資料を読み取る技能の習得を目標として設定しました。この目標を受けて，写真やグラフ，地図から必要な情報を読み取る学習活動を位置付けました。学習活動を位置付ける際の留意点として，学習活動のねら

いを明らかにすることが大切です。学習活動は，学習の目標を達成するための方法です。ともすると，学習活動を行うこと自体が目的になってしまう心配があります。学習活動が，授業の目標を達成するために，どのような位置付けになっているか気をつけたいところです。

　この授業では，問題解決的な学習を展開しました。課題を見いだす段階，追究の段階，考察の段階，まとめの段階といった各過程でどのような学習活動を位置付け，展開を工夫するかがポイントとなります。課題を見いだす段階では，2つの学習活動を組み合わせ，それぞれ読み取ったことを関連付けて問いを立てる工夫を考えました。まとめとして，考察したことを3～5つの文でまとめる活動を設定し，言語活動の充実を図りました。

　なお，実際に授業展開を考える際，生徒の実態や活動内容の難易度などを勘案して，学習活動に当てる時間の配分や作業量などを適切に設定することにも気をつける必要があります。

❷生徒の実態や学習経験を踏まえ，計画的に学習活動を位置付ける

　「日本の諸地域」の学習は，第2学年で行います。すでに，景観写真や降水量グラフの読み取りは第1学年の「世界の諸地域」の学習で経験しています。この授業では，習得した知識，技能を活用して，沖縄の特色ある地理的事象を見いだす学習活動を位置付けました。習得した知識や技能を，計画的に活用する学習活動を設定することで，知識の定着や技能の習熟を図ることができます。

　系統的な技能の育成という視点でみると，導入段階の学習活動は，複数の資料を関連付けて，特色ある地理的事象を見いだすことをねらいとしており，1つの資料を読み取る段階より，一段高い技能をねらっています。このように，習得と活用を意識して意図的に学習活動を工夫したり，年間指導計画と関連付けて計画的に技能の育成を図ったりすることが考えられます。

❸教材の特色を生かして学習活動を位置付ける

　この授業では，屋根に給水タンクがのっている住宅街の写真を提示しました。写真を使うことで，生徒は視覚的に事象をとらえることができます。また，降水量の多い沖縄で，給水タンクが各家庭にあるのはなぜかという疑問がわきます。この点からも，生徒の知的好奇心を触発することができる教材だと考え，この写真を読み取らせる学習活動を導入に位置付けました。

　教材には，教科書や地図帳，資料集，ワークシート，写真パネル，年表，実物や模型など様々なものがあります。また，コンピュータやタブレットなど情報機器の活用も考えられます。私は，授業のねらいや生徒の実態などを勘案して，教材の特色を生かした学習活動を工夫するようにしています。

タブレットを使って調べる

地域の防災地図を見て調べる

❹学習形態を工夫して学習活動を位置付ける

　この授業では，課題を見いだす段階では，習得した技能の活用をねらいとしているので，個人で読み取らせ，その結果を全体の場で発表させ共有していく一斉授業の形態で展開しました。追究の段階では，動態的な視点で追究することに生徒が慣れていないことを踏まえ，ペアを組んで教え合いながら地図の読み取りに取り組ませました。考察しまとめる段階では，3～4人の小グループを編成して，その中で意見を交換しながら考察をすすめさせました。意見交換させることで，自分の気づかなかった見方や考え方を友だちか

ら学ぶことができます。

　このように，学習活動の工夫として，一斉形態やペア学習，小グループ，小集団学習など学習集団を工夫することが考えられます。また，ゲストティーチャーの招聘やティーム・ティーチングの導入，教室での授業の他，コンピュータ室や図書室の利用，野外活動，博物館等の施設の利用などの工夫も含め，学習形態を工夫していくことが考えられます。

4 学習活動の展開と教師の役割

　学習活動の主体は生徒です。生徒の学習活動を展開させる際，教師の役割には，どのようなことがあるのでしょうか。ここでは，次の4点について考えることとします。

---

❶授業展開の仕方と教師の役割
❷学習活動と発問・指示
❸学習活動と板書
❹学習活動と評価

---

❶授業展開の仕方と教師の役割

　一斉授業形態をとる場合，教師が主導して生徒に学習活動を促し，授業を展開していくことが考えられます。例えば，教師の発問・指示に基づき，個人やペア，小グループで学習活動に取り組み，その結果を全体でまとめるといった授業展開では，生徒に教材を与えるのは教師であり，活動時間や活動形態，方法などを決めるのも教師です。

　一方，生徒の課題意識に基づき，個人や小集団によって生徒主導で学習活動を展開していく場合，教師は生徒に学習の見通しをもたせ，その学習活動を支援していきます。例えば，教材や方法を複数準備して，生徒に選択させるなど，生徒の主体性を引き出すことが求められます。

　体験的な学習活動を通して多様な考えに気づかせていく場合，教師は「教

える」のではなく，学習活動を進め，その学習を振り返らせ，意見交換をさせるなど「ファシリテーター（進行役）」となることが大切です。その際，生徒の活動状況を観察しておき，意見交換の際に具体的な場面を示して意図的に指名するなど，学習活動を踏まえて生徒の考えを広げたり，深めたりできるよう支援していくことがポイントになります。

❷学習活動と発問・指示

　生徒の主体的な学習を促すためには，学習意欲を引き出す学習課題を設定し，関心を高めるよう課題提示を工夫することがポイントになります。その際，導入の発問（初発の発問）では，生徒の既得知識では解決できない問いを練り，生徒に追究すべきことを意識付けることが重要です。

　学習活動は，学習のねらいを達成するための生徒の活動です。もし，生徒に学習活動に取り組む"必要感"がなければ，教師にやらされている受身的な活動になってしまいます。学習活動を展開させる前に発問し，課題の追究（解決）に向けて，生徒の思考を揺さぶったり，意志決定や価値判断を迫ったりして，活動に取り組む意欲を高めたいところです。また，学習のねらいに迫れるように，考察することを焦点化したり，事象間の関連に着目させたりするなど，発問を工夫していくとよいでしょう。

　生徒の主体的な活動により授業を展開していく場合，学習のねらいや活動の手順，方法などを事前に指示し，生徒に学習の見通しをもたせることが大切です。特に，野外活動や機器の使用に関する安全面の指導については，徹底する必要があります。もし，途中で指示を出す場合は，一度生徒の活動を止めて，指示を聞くよう意識を向けさせるようにします。

❸学習活動と板書

　通常，板書は授業展開に対応して行っていきます。したがって，学習の流れに合わせて板書を考えておく必要があります。学習活動との関連で，板書の留意点をいくつかあげてみます。

- 本時の学習課題（問題）を板書し，生徒に学習のねらいを意識させる。
- 本時の学習内容にいくつかまとまりがある場合，その内容がわかるような小見出しを付けておき，学習の流れが視覚的にとらえられるようにする。
- 学習活動の流れや約束，留意点を板書で示すときは，活動を始める前に示す。
- 話し合いや意見交換の場面では，生徒の発言を一対一対応的にすべて板書しなくてよい。何人かの発言をまとめる形で板書する。
- 板書を利用した学習活動を工夫する。例えば，板書したことを手がかりにして考えさせたり，情報を整理させたりする。
- 学習活動の成果を板書でまとめる。例えば，生徒の考察や気づきを板書でまとめたり，グループでまとめたカードや作品などを掲示して板書を構成したりする。

本時の学習課題を板書する。

グループで分担しまとめたカードを歴史の流れに並べて掲示する。

各グループの発表を基に，多くの文明での共通点として，気づいたことを発表させ，その内容を板書でまとめる。

歴史的分野の授業での板書例

❹学習活動と評価

　生徒の学習活動の過程や結果を評価し，学習目標に対して生徒がどのような学習状況にあるのかを判断して，次の指導に生かしていきます。つまり，「指導と評価の一体化」を図ることが大切です。授業の中で生徒の学習状況を評価する主な方法として，生徒の学習状況の観察，発言やワークシートの記述内容のチェックなどが考えられます。

　学習活動を展開している中でチェックしていくわけですから，生徒の学習状況を瞬間的に判断していく必要があります。そこで，評価規準に基づき，あらかじめ学習活動に即して，予想される生徒の学習状況を具体的な生徒の姿として想定しておき，これを尺度として判断していくことが考えられます。評価規準の活用について，概略を次の図に示します。

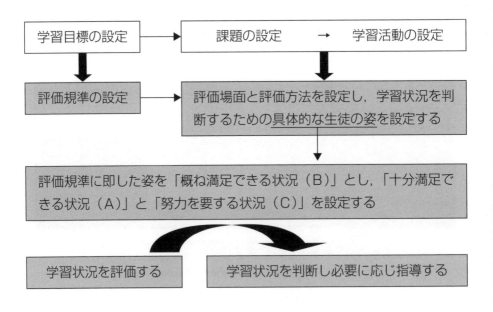

評価規準を活用した学習活動の評価と指導

　生徒の学習状況につまずきが見られる場合，教師は助言して個別に学習を支援します。この場合の発問や指示は，具体的に，かつ細分して生徒に投げ

かけるとよいように思います。支援の方法についても，あらかじめ用意しておくとよいでしょう。また，学習が進んでいる生徒に対しては，発展的な課題を用意しておくことも，個に応じた学習活動を充実させるポイントとなります。

※付記
●先にも述べた通り，本書では，学習活動を工夫するポイントを次の4点に着目して考えることとしました。

> ❶**知識，概念や技能の習得**を踏まえた学習活動の工夫
> ❷**言語活動の充実**を踏まえた学習活動の工夫
> ❸**主体的・協働的な学習の充実**を踏まえた学習活動の工夫
> ❹**社会参画に関する学習の重視**を踏まえた学習活動の工夫

実際の授業では複数の視点を組み合わせて展開されるものもありますが，第2章では，このポイントを踏まえて，収録した授業事例を以下の5つに分類しました。

> ①作業的な学習（❶の視点に対応）
> ②体験的な学習（❶の視点に対応）
> ③言語活動（❷の視点に対応）
> ④主体的・協働的な学習（❸の視点に対応）
> ⑤社会参画学習（❹の視点に対応）
> ※このほかに課題追究型の学習単元を構成する事例が1つあります。

●各授業事例においては，「地図帳の活用」「ロールプレイング」「スキット」「ジグソー法」「施設見学・調査」など，学習活動の工夫について具体的な

キーワードを1つずつあげました。これについても，実際の授業では複数の工夫を試みたものもありますが，重点を置いて述べた視点をキーワードとして設定しました。

● 授業展開において，教師の発問・指示と生徒の反応を示した授業事例があります。ここで，Tは教師，Sは生徒の発言を示しています。発言の中には下線を付している箇所があります。これは，本文中の説明と関係する部分や，授業展開のポイントとなる部分，指導上留意すべき部分などを表しています。

● 学習課題と学習問題について，本書では，学習のねらいに迫るために本時で取り組む内容や活動を示したものを広く「学習課題」と表現しています。その中で，本時の学習で追究することを問いの形で示したものを「学習問題」として整理しています。

● 課題追究型の学習について，本書では，「どのような」「どうして」といった問いを基に事象の関連や構造，因果関係などを解き明かしていく学習活動を展開していくものを「課題追究型」ととらえています。

以上の点を踏まえて，第2章をお読みいただければ幸いです。

2 授業を変える 学習活動の工夫45

地理的分野　世界の様々な地域　　　　世界の地域構成

1 地球儀の活用

地球儀を使って
世界の地域構成を大観させる

1 地球儀を使って大陸と海洋の分布に着目させる

　中項目「世界の地域構成」では，地球儀や世界地図を活用して世界の地域構成を大観させることが学習指導要領に明示されています。ここでは，ボール状の地球儀を使い，大陸と海洋の分布に着目させて様々な視点から世界の地域構成を大観させます。

2 学習活動を工夫する意図

　生徒が見慣れているのは，北を上にして日本を中心にミラー図法で描かれた世界地図です。そのため，例えば大西洋を中心にした世界地図を見ると，大陸と海洋の位置関係がわからなくなってしまう生徒が見受けられます。このような生徒の実態を踏まえ，地球儀を使って様々な視点から大陸と海洋の位置関係をとらえさせようと考えました。

　ここでは，3〜4人のグループで活動することとしました。グループで学習することとしたのは，教師の指示した「視点」の通り地球儀が置かれているか，調べた結果が適切かなどグループ内で確認させながら作業を進めさせようと考えたからです。また，この単元は，地理的分野のスタートであり，互いに教え合う雰囲気を高めることも期待しました。

3 授業展開

T　地球儀を使って，様々な視点から大陸と海洋の位置関係を調べてみましょう。グループの中で，地球儀の置き方が指示に沿っているか，調べた結果が適切であるか互いに確認しながら作業を進めていきましょう。

T 南半球で見える大陸を調べましょう。

S 南極大陸，オーストラリア大陸が全部見えます。アフリカ大陸と南アメリカ大陸の一部が見えます。

T 南極大陸を中心に置いて見たとき，オーストラリア大陸の向かい側に見える大陸は？

S 南アメリカ大陸です。

T 真上から見たとき，最も海洋が広く見えるように地球儀を置きましょう。そのときの中心は，どのあたりになるでしょうか？

（以下，省略）

> 球面上での位置関係をとらえさせる発問を投げかけ，地球儀で調べるよさを生かす。

> 地球儀を操作して，水半球のおよその範囲をとらえさせる。グループ間で互いの結果を見てまわる時間を取ることも考えられる。

ここがポイント！

多様な視点から世界の地域構成をとらえさせる課題を用意しておくとよいでしょう。例えば，「南極を中心に見て，オーストラリア大陸の向かいは？」と点でとらえる視点，「赤道の通る大陸は？」と線でとらえる視点，「南半球にある大陸は？」と面でとらえる視点からの課題設定が考えられます。実際には，活動時間や生徒の実態，難易度などを勘案して課題を設定します。なお，作業的な学習をやらせっぱなしにするのは避けたいところです。大陸と海洋の位置関係について，調べた結果を基に説明する短文を書かせるなど，まとめの仕方も工夫したいところです。

2
地理的分野 / 世界の様々な地域 / 世界の地域構成

地球儀の活用

地球儀と地図を比較しながら日本からの距離を比べさせる

1 地球儀と地図を比較させる

　世界の地域構成をとらえさせるうえで，地球儀や地図の活用は欠かせません。その際，地球儀と地図の長所と短所を理解し，目的に応じて使い分けていくことが必要となります。ここでは，地図を比較させながら，地球儀とひもを使って距離を比べる学習活動の工夫を紹介します。

2 学習活動を工夫する意図

　地球儀と地図の長所と短所について，生徒が主体的に学習に取り組み，理解を深められるよう作業的な学習活動を設定しました。実際に地球儀を使うことで地球儀の活用技能を身に付けさせることも意図しました。地球儀にひもを当て最短距離を測る作業では，ひもがまっすぐに張れなかったり，押さえる位置がずれたりすることがあります。そこで，3～4人のグループをつくり，正しく測れているか互いに確認させながら，効率よく作業を進めさせようと考えました。

3 授業展開

T　東京から見て，イギリスの首都ロンドンとガーナの首都アクラでは，どちらが近いでしょう？　地図帳の世界地図を見て比べてみましょう。

> 生徒が見慣れている世界地図（ここではミラー図法の地図）を見て比べさせる。

S　ほぼ同じ距離です。
S　だいたい同じ距離に見えます。

T 地球儀とひもを使って調べてみましょう。
調べ方を説明します。地球儀で東京とロンドンの位置を探します。その2点間にひもを置き，ひもをしっかりと張り最短距離になるよう押さえます。ひもが緩んでいる場合，指で軽くはじきながら押さえ緩みを取ります。押さえる位置がずれないよう，グループで協力して作業を進めましょう。アクラも同様です。
（グループになり作業に取り組む）

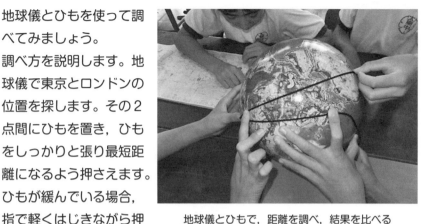
地球儀とひもで，距離を調べ，結果を比べる

T 結果はどうでしたか？
S イギリスのロンドンの方が近いです。
T 世界地図と地球儀，どちらで調べた結果が正しいのでしょうか？
S 地球儀です。
T <u>どうして，この世界地図では正しく距離が調べられなかったのでしょうか？</u>
（以下，省略）

> 世界地図（ミラー図法）で正しく距離が調べられなかった理由から，地図の特色や利用上の留意点について気づかせる。

世界地図と地球儀とで結果に違いがあることに着目させ，その理由を考えさせることから，図法による地図の特色や利用上の留意点について気づかせていきます。さらに，地球儀で調べた最短コースを地図にかかせたり，正距方位図で比べさせたりする学習活動も考えられます。

3

地理的分野 | 世界の様々な地域 | 世界の地域構成

クイズの活用

クイズを出し合わせて国名知識の定着を図る

1 クイズで生徒の知的好奇心を刺激する

　生徒は，クイズが大好きです。知的好奇心が刺激されるし，ゲーム的な要素があり楽しんで取り組むことができます。ここでは，国の位置と名称についての知識（国名知識）の定着をねらいとして「国名クロスワード」「スリーヒントクイズ」を生徒がつくり，問題を出し合う学習活動に取り組みました。

2 学習活動を工夫する意図

　クイズの作成やクイズを解く活動場面を通して地球儀や地図帳，掛け地図を主体的に利用させ，国名知識の定着を図ろうと考えました。学習展開として，最初に教師が問題を提示してモデルを示しました。次に，生徒自身に問題をつくらせます。最後に，互いに作成した問題を出題し合い，地球儀や地図を見ながら問題を解かせていきます。問題を解かせる際には，はじめは何も見ないで自分の知識で答えさせ，わからなかった部分を調べさせることも考えられます。クイズの作成においては，ヒントとして，その国の位置に関する情報や国名の由来，首都名などを盛り込ませることで，国名知識の定着につなげようと考えました。

3 授業展開

T　クイズを解いたり，自分たちでクイズをつくって出題したりして世界の国々の位置と名称を覚えていきましょう。「国名クロスワード」と「スリーヒントクイズ」をします。最初に先生が問題を出すので，皆さんは解いてみてください。わからない部分は地図帳を見て考えてください。

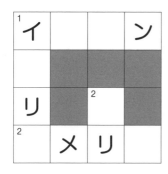

ヒント
たて1　ヨーロッパ州にある半島の国
たて2　アフリカ州にある内陸国
よこ1　アジア州にある国
よこ2　首都はワシントン

> 地球儀や地図から読み取れる情報を使ってヒントをつくらせる。

答え　たて1　イタリア　　　たて2　マリ　　　よこ1　イエメン　　　よこ2　アメリカ

国名クロスワードの例

T　次の国はどこでしょう？
　ヒント1…赤道が通っています。
　ヒント2…南アメリカ州の国です。
　ヒント3…10の国と国境を接しています。
S　ブラジルです。

> 経緯線や地域の名称、国土の形状、大陸や海洋との位置関係など様々な視点からヒントをつくらせる。また、徐々に国が絞られるようにヒントを構成させる。

スリーヒントクイズの例

ポイント！

　この学習活動では、主体的に地球儀や地図を使わせることを心がけました。クロスワードの作成では、索引を利用すると効率的に作業できます。その際、必ず国の位置を確かめさせるようにします。ヒントの作成では、これまでの学習で習得した知識を活用して、様々な視点から考えるよう指示しました。

4

地理的分野 / 世界の様々な地域 / 世界の諸地域

教科書の活用

教科書からアフリカ州のモノカルチャー経済の成り立ちをとらえさせる

1 教科書の記述を分析的に読み取らせる

　社会科の教科書は，説明がていねいに記述されています。ここでは，教科書の記述を「自然環境」「歴史的背景」「産業」「他地域との結び付き」といった視点から分析的に読み取らせ，それを基に事象間の関連を構造図にまとめさせる学習活動を考えました。

2 学習活動を工夫する意図

　単に教科書の文章を読んで，その内容を具体的事象の説明として覚えているだけでは，単なる知識の暗記にとどまってしまいます。地域的特色を構造的にとらえる地理的な見方・考え方を身に付けさせていくことが大切です。そこで，教科書を分析的に読ませることを考えました。
　まず，アフリカ各国のおもな輸出品を示すグラフから，特定の農産物や鉱産物の割合が高いことに気づかせ学習課題を設定しました。次に，教科書の記述を，「自然環境」「歴史的背景」「産業」「他地域との結び付き」といった視点で読み取らせ，モノカルチャー経済の成り立ちに関連する「他の事象」をとらえさせます。まとめとして，モノカルチャー経済を中核とし，他の事象との関連を構造図にまとめる作業を設定しました。

3 授業展開

T　アフリカの各国の主な輸出品のグラフを見ましょう。どのようなことが各国に共通しているのだろう？
S　特定の農産物や資源の割合が高いです。

T このような限られた農産物や鉱産物の生産や輸出にかたよった経済をモノカルチャー経済と言います。どうしてアフリカ州では，特定の農産物や資源の輸出に頼る状態になっているのでしょう？ モノカルチャー経済の成り立ちについて，ガーナのカカオ栽培を例に，教科書の説明を手掛かりとして調べましょう。

> グラフから読み取らせたことを基に本時の学習課題を設定する。

T 教科書の説明を，「自然環境」「歴史的背景」「産業」「他地域との結び付き」に分けて読み取りましょう。(以下，省略)

> 分析的に読み取るための視点を提示する。

```
┌─────────────────────────────────────────────────┐
│  ┌────────────┐    ┌──────────┐   ┌──────────────────────┐
│  │チョコレート│───→│外国へ輸出用│   │一年中雨が多く気温が高い気候│
│  │の原料      │    └──────────┘   └──────────────────────┘
│  └────────────┘         ↑                  │
│  ┌────────────┐         │          ┌──────────────┐   ┌──────────────┐
│  │主な輸出先  │─────────┤          │ カカオの栽培 │───│国の経済を支える│
│  │オランダ，日本，│        │          └──────────────┘   └──────────────┘
│  │イギリスなど│         │                  ↑
│  └────────────┘         │                  │
│  ┌──────────────────┐   │       ┌──────────────────────────┐
│  │ヨーロッパの植民地支配│──┴─────→│プランテーションと呼ばれる大農場│
│  └──────────────────┘           └──────────────────────────┘
└─────────────────────────────────────────────────┘
```

教科書の記述を基に作成した構造図例

ここでは，分析的に読み取らせる方法として「自然環境に関する内容には波線を，歴史的背景に関する内容には赤線を引きなさい」と指示し，教科書に線を引かせました。また，構造図にまとめる際，植民地支配の影響が現れている事象を矢印で結ばせ，植民地支配という歴史的背景がアフリカ州の地域的特色に影響していることを押さえさせました。

5

地理的分野　　日本の様々な地域　　日本の地域構成

球体の活用

ピンポン球にかき込んで
日本の位置や領域をとらえさせる

1　地球儀と地図

　世界全体を概観するときは，ミラー図法の世界地図を使うことが多いと思います。地図の中には緯度を90度までかいていないこともあり，日本の領域をとらえさせるとき，実際より北に広がっていると錯覚してしまう生徒が少なくありません。知識として北緯約20度から北緯約46度の間に位置することは理解しているのですが，図に表させると，実際の位置よりも北側にかいてしまう生徒が多いのです。

　そこで，地球儀とピンポン球を使った作業的な学習を設定して，球面上で日本の位置と領域をとらえさせようと考えました。

2　学習活動を工夫する意図

　ピンポン球を地球に見立て，あらかじめ赤道（赤線）と本初子午線（青線）をかき込んで生徒に配りました。

　まず，地球儀と見比べながら東経135度の経線を引かせました。地球儀の本初子午線とピンポン球の青線を合わせるようにピンポン球を持たせ，真上から地球儀を見ながらかき込ませると，作業がしやすくなります。

　次に，その線上におよその日本の位置を水性ペンで描き込ませました。ここでは，およその領域を線や円（楕円）で記入させました。

　作業が終わったら友だち同士で見せ合うよう指示し，作業の的確さを確かめさせました。

3 授業展開

T 地球儀で東経135度の経線を基にして,日本の位置を確認しましょう。そして,ピンポン球に東経135度の経線を引き,日本のおよその位置を水性ペンでかき込みましょう。地球儀とピンポン球にかかれた赤道と本初子午線の向きを合わせて見ると,日本の位置がとらえやすいと思います。

(以下,省略)

> 地球儀を使い,球面上で日本の位置を確認させる。

> 作業の手順と注意点を説明する。水性ペンを使えば容易に消すことができる(赤道と本初子午線は油性ペンで引いておく)。

ピンポン球にかき込む

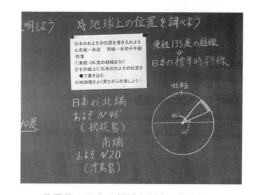
作業後,日本の領域を板書で押さえる

　ピンポン球に日本の略地図をかこうとすると,どうしてもピンポン球の大きさに比べて,日本を大きくかきがちになります。ここではおよその位置と領域がとらえられればよいと考え,線や円(楕円)でかかせました。東経135度の線を引かせ,その線上の,赤道と北極点の間の中点に点をつけさせます。そこが,概ね日本の領域の北端の緯度に当たります。この点より下,つまり南に日本の位置をかき込むよう助言するとよいでしょう。

6

地理的分野 | 日本の様々な地域 | 世界と比べた日本の地域的特色

写真パネルの活用

風景から気候の特色を読み取りグラフと結び付けさせる

1 風景から気候の特色を考えさせる

　写真パネルを掲示して写真の風景から自然環境の特色を読み取らせ，その特色を表す気温と降水量のグラフを選択させる学習活動を考えました。写真の中の風景や人々の生活の様子などに着目して情報を読み取ることで，その地域の自然環境や人々の生活の特色などについて考えることができます。

2 学習活動を工夫する意図

　ここでは，気候や植生に着目して世界の大まかな自然環境の特色をとらえさせることをねらいました。写真や気温と降水量のグラフの読み取りについては，世界の様々な地域で学習しています。

　この授業では，それらの学習で習得した知識や技能を活用することを意図しました。黒板に熱帯，乾燥帯，冷帯，温帯の風景を示す4枚の写真パネルを掲示し，これらの気候帯に位置する地点のいずれかに当てはまる4枚の気温と降水量のグラフを示しました。

　そして，これらの写真とグラフをマッチングさせるよう生徒に投げかけ，思考を促しました。

3 授業展開

T　これらの写真の地域は，どのような自然環境だと考えられますか？　4枚の写真パネルの，それぞれの地域に当てはまる気温と降水量のグラフを選び，それぞれの組み合わせを考えましょう。

写真から気候の特色を読み取り,その地域に当てはまる気候グラフを写真の下に貼る

S この写真は,熱帯だと思います。
T どうしてですか？
S ヤシの木がたくさん生えているからです。
T 「世界各地の人々の生活と環境」で学習したことを覚えていましたね。
  では,雨の降り方はどんな特色があると考えられますか？
S 後ろの山の方も緑がたくさんあるから,結構降ると思います。
T では,そのような気温や降水量の特色を示しているグラフを,この中から選んでみましょう。
  （以下,省略）

　ここでは,写真を読み取り気候の特色について考えたことを発表させながら,それに合うグラフを選ぶという流れで学習活動を展開しましたが,すべての組み合わせを考えさせてから,その結果を発表させる展開も考えられます。いずれにしても,写真から読み取ったことと,それを基にどのように気候の特色を考えたのか,その過程と結果を発表させるとよいでしょう。

7

地理的分野　　日本の様々な地域　　日本の諸地域

地図帳の活用

地方を概観するためのワークシートに地図帳を使ってまとめさせる

1 地図帳を使ってワークシートにまとめさせる

　教科用図書「地図」（以下，地図帳）には，一般図，主題図，統計，グラフなど様々な資料が掲載されています。生徒は，地図を見て探し出す学習活動に意欲的です。ここでは，九州地方を概観させることをねらい，地図帳の地図や統計を活用してワークシートにまとめさせる学習活動を考えました。

2 学習活動を工夫する意図

　地方を概観させる際は，気候や地形といった自然環境，産業や人口の分布，交通による結び付きなどの様々な視点から押さえることができます。この授業では，まず九州地方の写真を提示して，風景から九州地方の様子をとらえさせます。そして，写真の示す位置を含めて，ワークシートに示された地形や都市の名称，主な産物などを地図帳で調べ記入させていきます。その際，九州地方を「自然環境を中核とした考察」を基に構成することとしたので，この単元で取り上げる火山や平野の名称，関連付けて取り上げる産物を押さえさせるようにワークシートの内容を考えました。

3 授業展開

T　九州地方の様子について，地形や主な都市，産物を地図帳で調べ，ワークシートにまとめていきましょう。グループになり，わからないところは互いに教え合って作業を進めましょう。

> 互いに教え合うよう生徒に促し，地図帳の活用技能を高めさせる。

❶一般図で，筑紫平野，宮崎平野の名称を調べる。各平野の農産物を一般図や主題図で調べ書き出す。

❷雲仙岳，阿蘇山，桜島の名称を調べる。火山であることを一般図で確認し，ワークシートに赤で着色する。

❸ワークシートに人口30万人以上の都市の位置が記してある。一般図で都市の名称を調べる。さらに，統計資料で人口を調べ，50万人以上の都市を黒で，100万人以上の都市を赤で着色する。

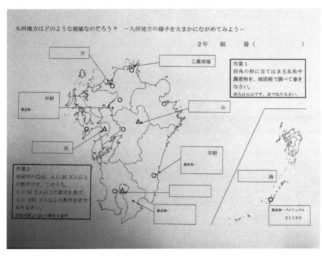

作業内容とワークシート

　九州地方の学習が「日本の諸地域」の最初の単元だったので，ここでの活動時間を多めに配分（約20分）し，グループ形態になり互いに教え合うよう促して作業に取り組ませました。各地方の学習で同様の学習を位置付けることで，地図帳の活用の仕方に習熟させていきます。

歴史的分野　　　　　　　　　歴史のとらえ方

年表の活用

年表から時代の特色を示す出来事を書き出させる

1　年表を使って時代を大観させる

　歴史の教科書には，年表が折り込まれていて，各時代の主な出来事が記されています。年表から，時代の流れをとらえさせることができます。ここでは，「近世の日本」の学習の後で，近世の時代の動きを大観させ，時代の特色をとらえさせるために，「政治」や「外国との関係」といった視点から，年表に記された出来事を書き出す学習活動を考えました。

2　学習活動を工夫する意図

　年表の主な出来事には，政治の動き，社会の動き，外国との関係などが時系列に沿って記されています。年表は，様々な視点に関する情報が混在していると言えます。ここでは，近世の特色を，大名の統制や身分制度の確立など幕藩体制による統治とヨーロッパ人の来航から鎖国政策，欧米諸国の接近と開国といった外国との関係からとらえさせようと考えました。そこで，「政治」「外国との関係」といった視点を生徒に提示し，それに関係する出来事を年表から書き出させ，その視点から見た時代の動きをまとめさせる学習活動を設定しました。

3　授業展開

T　これまで「近世の日本」について学習してきました。<u>この時代は，どのような特色があったのでしょうか？</u>　この授業では，年表に記された主な出来事を手掛かりにしてまとめていきましょう。

> 本時の学習課題と学習の見通しを示す。

T 作業の仕方を説明します。教科書の年表を見て、近世の日本の「政治の動き」「外国との関係」についての出来事をワークシートに書き出していきます。書き出した出来事について、歴史の流れから見たまとまりをとらえ、その様子にはどのような特色が見られるか、これまで学習したことを基に説明を書きましょう。(以下、省略)

歴史の流れからとらえた「まとまり」を示す。

時代の特色をまとめ、「見出し」をつける。

西暦	主な出来事	説明
1543	ポルトガル人が鉄砲を伝える	<u>ヨーロッパ人の来航と活発な貿易</u>
1549	ザビエルがキリスト教を伝える	ポルトガル、スペインが来航し織田信長
	○朱印船貿易が盛んになる	や豊臣秀吉、徳川家康は貿易を許可する。
	○東南アジアに日本人町が栄える	日本人の東南アジアへの海外渡航も盛んになる。
1635	日本人の海外渡航を禁止	<u>鎖国政策</u>
1639	ポルトガル船の来航を禁止	江戸幕府は、外国との貿易や交流を制限し、貿易や情報を独占し、キリスト教の禁止を徹底した。
1641	オランダ商人を出島に移す	

年表から「視点」に関係する出来事を書き出す。

これまでの学習を基に、どのような特色が見られるか、自分なりにまとめを考え、説明を記述する。

ワークシートの記述例(外国との関係)

年表から出来事を書き出させる際、単純に書き出すのではなく、学習したことを踏まえ、時代の流れから見たまとまりをとらえるよう指示しました。そして、まとまりごとに、その内容の特色がわかるよう「見出し」を付けさせました。

9

歴史的分野　　　　　　　　　　　中世の日本

写真パネルの活用

絵巻物の読み取りから
時代の特色を考えさせる

1 絵巻物から人々の生活の様子を読み取らせる

　視覚的に当時の様子をとらえさせる資料として絵巻物が活用できます。絵巻物には，当時の人々の生活の様子が描かれており，そこから様々な情報を読み取ることができます。ここでは，鎌倉時代の産業の発達について，「一遍上人絵伝」の福岡の市を描いた部分の写真パネルを掲示し，そこから読み取ったことを黒板に書き出す学習活動を設定します。

2 学習活動を工夫する意図

　福岡の市は，備前国福岡荘（現在の岡山県瀬戸内市）に栄えた中世の市で，「一遍上人絵伝」には，吉井川の河原に掘立小屋が並び，米や布，魚，壺などが売られている様子が描かれています。ここでは，物資の生産が発達し，地方でも定期市が発達した様子を，この絵巻物から読み取らせ，産業の発達について着目させることをねらいました。また，絵画資料から必要な情報を読み取る技能を身に付けさせることを意図しました。

3 授業展開

T　この写真パネルは，鎌倉時代の市の様子が描かれています。ここでは，どのような物が売られていたのでしょうか？　まず，店に注目して，売られている物を読み取り，書き出してみましょう。

> 具体的に読み取る内容を指示することで，読み取りの視点をとらえさせる。

S　米やかめ，布が売られています。（黒板に書き出す）

T 人々は,どのようにして物資を運んでいたのでしょうか？
S 馬に米俵をのせて運んでいます。
S 小船が描かれているので,船で運んでいたと思います。
（黒板に書き出す）
T どのような場所に,市が発達したと考えられますか？
S 交通の便がよくて,人々が集まりやすい所だと思います。
S 船が使えると,たくさん物が運べるので,川の近くだと思います。

読み取ったことを基に,市がどのような場所に発達したのか,その立地条件を考えさせる。

T なるほど！ よく考えましたね。人々は,定期的に売買する日を決め,周辺地域から物資が市に集まりました。このような市を定期市と言います。定期的に売買されていたということは,生産力は以前と比べてどうなったと考えられますか？
S 高まっていると思います。
T では,どのような様子だったのか教科書や資料から調べてみましょう。

ここがポイント！

単に「絵を見て気づいたことを書き出しましょう」と指示することも考えられますが,ここでは,本時の学習のねらいとして産業の発達に着目させる必要があり,読み取りの視点を具体的に指示することとしました。また,具体的に指示することで,目的に応じた読み取りの視点を意識させることを意図しました。

10

歴史的分野　　　　　　　　　　中世の日本

教科書の活用

教科書の記述を基に
歴史的事象の特色を図にまとめさせる

1 教科書の記述を基に図にまとめさせる

　単に教科書を読むだけでは歴史的事象の特色がとらえられないという生徒は，少なくありません。ここでは，室町時代の農村の発展について，教科書の記述を基に，歴史的事象の特色を図にまとめさせ，理解を深めさせようと考えました。

2 学習活動を工夫する意図

　教科書には，室町時代の農村の発展について，主に産業の発達を説明する中で「農業の進歩」を，村や町の自治を説明する中で惣や土一揆など「農村の様子」や「領主との関係」を説明する記述がありました。文化では，農作業との関連で「田楽」が読み取れます。ここでは，これらの記述を手掛かりとして，「農村の発展」について図にまとめさせます。これにより，農村が発展した様子を多面的にとらえ理解を深めさせようと考えました。

3 授業展開

T　室町時代の農村の発展について，<u>農業の様子や文化，農村の様子，他の村や領主との関係</u>に着目して，教科書からその特色を読み取ってみましょう。

> 教科書から読み取る視点を示し，多面的にとらえさせる。

T　どのような特色が読み取れましたか？
S　農業の進歩では，二毛作，水車や堆肥の利用など生産力が高まりました。
S　農村の様子では，惣という自治組織がつくられました。農作業を村で協

力して行い，用水路の管理や森林の利用などについて掟をつくりました。
S　田植えの図を見ると，田楽が見られます。
S　領主や守護大名の年貢の要求に対して，多くの村が協力して交渉したり，土一揆をおこしたりしました。
T　室町時代の農村には，どのような特色があると言えますか？
S　人々が団結して，自分たちのことは自分たちでするという考えが強くなったことが特色だと思います。
T　読み取ったことを基に，農村の発展について図にまとめてみましょう。
　　（以下，省略）

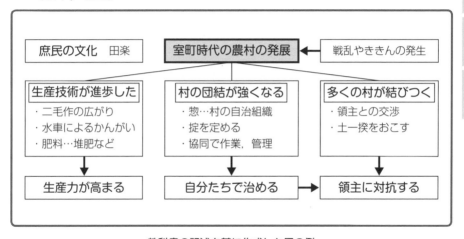

教科書の記述を基に作成した図の例

　ここでは，「事象の特色」とそれを説明する「具体的な事実」を整理させる形で図にまとめさせました。どのようにまとめさせるか，事前に教師が教材研究して，事象を分析的・構造的にとらえておくことが必要です。上の図に例示した枠をワークシートにして生徒に配付し，まとめさせることも考えられます。

歴史的分野　　　　　　　　　近世の日本

地球儀の活用

地球儀を使ってヨーロッパの大航海時代をとらえさせる

1 地球儀を使って大航海時代をとらえさせる

　歴史的分野の学習においても，地球儀を使った学習活動の工夫が考えられます。ここでは，地理的分野「世界の地域構成」で習得した技能を活用して，地球儀を使ってヨーロッパの大航海時代をとらえさせる学習活動の工夫を考えました。

2 学習活動を工夫する意図

　ポルトガル，スペインにより新航路が開拓された大航海時代については，コロンブス，バスコ・ダ・ガマ，マゼラン艦隊の航路が示された世界地図からとらえさせることが一般的です。ここでは，加えて地球儀を使い球面上で航路の距離やヨーロッパから見た目的地の位置関係などをとらえさせ，生徒の理解を深めることをねらいました。単に地図を見るだけでなく地球儀を操作することで，生徒の関心を高め理解も深められると考えたのです。また，地球儀を繰り返し活用することで，地理的分野「世界の地域構成」で習得した地球儀活用の技能を定着させることも意図しました。

3 授業展開

T　ポルトガルやスペインは，どのようにして新航路を開拓し，世界へ勢力を広げていったのでしょうか？　その様子を，新航路の開拓を示す地図と地球儀を使って調べてみましょう。

T　コロンブスは，「地球は丸い」という考え方に基づき，西に進みインドに至る航路の開拓を目指しました。ところで，ポルトガルから見て，西

に位置するのはどこでしょうか？　地球儀で調べてみましょう。

S　アメリカ州の西インド諸島があります。

> 2本のテープを直角に交わるように重ね合わせ，その交点を留める。交点をポルトガルの位置に合わせる。その際，テープの一方を，ポルトガルを通る経線に重なるように置くとき，もう1本のテープの伸びる方向が西を示す。

T　地図に示されたバスコ・ダ・ガマの開拓したインド航路を，地球儀でたどってみましょう。その航路の長さを，地中海と紅海，アラビア海を通ってインドに至る航路と比べてみましょう。
（以下，省略）

ここがポイント！

　地球儀を使って，地図に描かれている航路を指でなぞらせ，球面上で新航路の開拓の様子をとらえさせていきます。その際，西インド諸島や喜望峰などの地名に着目させたり，球面上でヨーロッパとアジアの位置関係を確認させたりしながら，新航路開拓とスペイン，ポルトガルの勢力拡大の経緯を押さえていきます。

12 歴史的分野　近世の日本

資料の活用

資料の読み取りから
学習課題を追究させる

1 生徒が資料を読み取り，課題を追究する

　教師の説明を中心にした授業展開ではなく，生徒が資料から読み取ったことを基にして学習課題を考察し，解釈したことを説明させる課題追究型の授業展開を考えました。ここでは，江戸幕府の成立について「どのように大名を統制したのだろう？」という課題を設定し，大名の配置や幕府のしくみ，武家諸法度の資料を提示して読み取らせたことを基に考察させました。

2 学習活動を工夫する意図

　この授業では，教師が資料を提示し展開していくことで，課題追究の筋道をつけました。資料を読み取らせる活動を位置付けることで，生徒に主体的な学習への取り組みを促すとともに，様々な資料を読み取る技能や読み取ったことを表現する技能の習得をねらいました。そして，個々の資料から読み取ったことを関連付けて考察，説明させる活動を通して，思考力や表現力を培うことをあわせてねらいました。

3 授業展開

T　江戸幕府は，どのように大名を統制したのだろう？　この授業では，主に3つの資料から読み取ったことを基に考えてみましょう。

学習課題の提示 → 資料①　大名の配置図から読み取らせる → 資料②　幕府の組織図から読み取らせる → 資料③　武家諸法度から読み取らせる → 考察・説明　どのように大名を統制したか考え説明させる

T	大名の配置図を見て,どのようなことが読み取れましたか?	資料から読み取れたことを確認する。
S	大名の種類が親藩,譜代,外様の3つに分かれています。	
S	外様大名は領地が大きいけれど,江戸から離れたところに領地があります。江戸に近いところは親藩や譜代大名の領地です。	
S	佐竹氏や上杉氏は,元の領地と違うところにいます。	
T	徳川家康は,関ヶ原の戦いで西軍に味方した大名を取りつぶしたり,領地を減らして移動させたりしました。また,味方しなかったため移動を命じられた大名もいました。	資料から読み取れた内容について教師が補足説明する。
T	大名の配置から見ると,幕府はどのような工夫をしたのでしょうか?	課題追究に迫る発問を投げかけ,資料から読み取れたことを基に考えさせる。
S	江戸から離れた所に外様大名を置いて,江戸や重要な都市周辺に親藩や譜代大名を置きました。(以下,省略)	

　この授業では,個々の資料から読み取れたことを基に考察し,さらにそれらを総合的にとらえて説明するといった追究の方法を,生徒に身につけさせようと考えました。そこで,1つめの資料について,個人で読み取らせ,読み取ったことを全体の場で発表させ,それを基に課題追究に迫る発問を投げかける,という順序で学習活動を構成しました。これを3つめの資料まで繰り返す形で授業を展開し,最後に課題について自分なりに解釈したことを説明する場面を設けました。

13 歴史的分野　近代の日本と世界

新聞の活用

開戦を伝える当時の新聞記事から日本の動きを読み取らせる

1 新聞記事から日本の動きを読み取らせる

　「近代の日本と世界」の学習では，当時発行された新聞が資料として活用できます。ここでは，第二次世界大戦において，アメリカ，イギリス等と開戦する日本の動きについて，開戦を報道した当時の新聞記事から読み取らせようと考えました。

2 学習活動を工夫する意図

　開戦を伝える当時の新聞の一面の見出しから，米英に対して宣戦布告したことが読み取れます。さらに小見出しを読むと，ハワイやグアム，シンガポール，フィリピン，香港など多方面で作戦行動を起こしていることがわかります。まず，見出しに着目させて開戦時の日本軍の動きを読み取らせます。そして，その場所を地図でとらえさせ，戦線が太平洋や東南アジアへと広範囲に拡大したことを理解させようと考えました。当時の新聞は，文章表現や漢字が現在と違うこともあり，生徒にとって正確に読み取ることは簡単ではありません。ここでは，作業が早く進んだ生徒に対して，発展的な学習として宣戦した経緯を新聞記事から読み取るよう課題を提示しました。

3 授業展開

T　この新聞は，これまで中国と戦争していた日本が，新たに別の国とも戦争になったことを報道しています。その国はどこですか？　新聞の見出しに着目して読み取ってみましょう。
S　アメリカとイギリスです。

T　日本は，開戦当初，どこで戦っていたのでしょう？　新聞から読み取ってみましょう。

S　ハワイのホノルルを攻撃しています。

S　グアムと比島を空襲しています。

T　比島とは，フィリピンのことです。
他にありますか？

> 地名の表記等，難しい表現について補足する。

S　シンガポールで戦っています。
マレー半島へ上陸しています。

S　香港へ攻撃を開始しています。

> 早く作業が進んでいる生徒に対して，発展的な課題を示しておき，個に応じた指導の充実を図る。

T　これらの場所を地図で探してみましょう。早く作業が進んだ人は，どうして日本がアメリカや英国に対して宣戦したのか，その理由を新聞はどう伝えているのか読み取ってみましょう。
（以下，省略）

> 掛け地図に，新聞から読み取った情報を示し，作業結果を確認させるとともに，視覚的に戦線の広がりをとらえさせる。

ここがポイント！

新聞で読み取った情報を地図に示すことで，戦線が一気に拡大したことを視覚的にとらえさせます。さらに，その後，インドネシアやビルマ（ミャンマー），南太平洋へと戦線が広がったことを説明し，戦争の経緯について理解を深めさせていきます。

14

公民的分野　私たちと政治　人間の尊重と日本国憲法の基本的原則

教科書の活用

教科書の記述を表に整理し「新しい権利」についてまとめさせる

1 教科書の記述を表に整理させる

　社会科の教科書は，概ね写真や地図，グラフなどの資料と本文で紙面構成されていて，教科書を読めば学習内容を理解できるよう説明が記述されています。ここでは，教科書を主たる教材ととらえ，「新しい権利」の内容と権利にかかわる社会の変化について教科書から読み取ったことをワークシートに表形式でまとめさせる学習活動を考えました。

2 学習活動を工夫する意図

　教科書を読み，教師が解説し，板書をノートにまとめる，といった一斉授業形態も考えられます。この場合，効率的に学習内容を理解させることはできますが，生徒が受身になってしまいます。そこで，生徒自身が教科書を資料として利用し，新しい権利について教科書を使って調べ，読み取ったことを表形式のワークシートにまとめさせることとしました。ここでは，文章資料の読み取りと情報を整理する技能の育成も意識しました。

3 授業展開

T　憲法が制定されてから，一度も改正されていません。その間に社会は大きく変化しています。社会の変化とともに，どのような権利が考えられてきたのでしょうか？「新しい権利」の内容と権利にかかわる社会の変化について教科書から読み取り，ワークシートにまとめましょう。

> 発問を投げかけて生徒の課題意識を高め，本時の学習活動を指示する。

この授業では，個で取り組み自力解決を図る時間と，結果を確認し合ったり分からないところを教え合ったりするペア（グループ）学習の時間，全体でまとめる一斉学習の時間を組み合わせて授業を展開しました。

権利の名称	環境権	知る権利	プライバシーの権利	自己決定権
権利の内容				
権利とかかわる社会の変化				

ワークシート例

読み取ったことを黒板に書き出し，全体でまとめる

ここでは，ワークシートを用意して表形式で教科書から読み取った情報を整理させました。これにより，情報を読み取る視点を示すとともに，情報を整理し，表にまとめる技能の育成をねらいました。さらに，表に「権利を確かなものにするための取り組み」についても項目を設け，制定された法律や制度などをまとめさせることも考えられます。

15 野外調査

地理的分野 / 日本の様々な地域 / 身近な地域の調査

様々な活動を通して野外観察や地域の調査の仕方を身に付けさせる

1 野外観察や地域の調査の仕方を身に付けさせる

身近な地域の調査では，観察や調査などの活動を通して生徒が生活している土地に対する理解と関心を深めるとともに，市町村規模の地域の調査を行う際の視点や方法を身に付けさせることが求められています。ここでは，1時間のフィールドワークの中に様々な活動を設定して，野外観察や地域の調査の仕方を身に付けさせていきます。

2 学習活動を工夫する意図

身近な地域は，生徒にとって具体的な地理的事象を直接観察，調査ができる「直接経験地域」です。この授業では，学校の周辺の田畑，自然堤防上に形成された集落，計画的に造成された住宅地をフィールドとして野外観察を行いました。身近な地域の特色や課題を具体的にとらえさせるため，3つの観察ポイントを設定し，様々な観察の視点を生徒に投げかけました。調査では，観察して畑の農作物を調べたり，ミラーの数をカウントしたりと，野外で生徒が取り組める活動を設定しました。

3 授業展開

T　学校周辺の地域は，どのような特色や地域の課題があるのでしょうか？　野外観察や調査をしてとらえていきましょう。<u>観察するときは，周囲の安全に気をつけ，歩きながらメモをとることは絶対に止めましょう。</u>

> 事前に安全指導を徹底し事故防止に努める。

❶ 地図で位置を確認しながら歩く

多くの生徒は，地図を持って歩く経験があまりありません。普段見慣れている学校周辺地域であっても，正しく地図上に現在地をとらえることが難しい生徒も見受けられます。

ここでは，3つの観察ポイントを地図に示しておき，歩くルートを説明して地図に記入させました。この地図をルートマップとして位置を確認しながら歩かせます。

ルートマップで位置を確認する

❷ 土地の起伏（高さ）を観察する

田と住宅地を比べると，通常住宅地の方が高い土地にあります。田と畑を比べれば，畑の方が高いところにあります。平地であっても微高地では，田の面を比べると段差が観察できる場合があります。このような土地の起伏と土地利用の工夫に気づかせます。

土地の起伏を観察する

❸ 畑の作物の種類を観察して調べる

地図を見れば畑があることはわかりますが，その畑で何がつくられているのか作物の種類は地図からはわかりません。そこで，実際に観察して栽培している作物の種類を調べさせました。

畑の作物の種類を観察する

❹屋敷森の様子をスケッチする

　学校周辺の農家では，冬の季節風に備えて特に北西の方向を高い木で囲む屋敷森が見られます。その様子を簡単にスケッチさせます。その際，「高い木のある方角は？」と投げかけ，気づいたことを言葉で書き加えさせました。

❺道路や土地の区画を観察する

　住宅地が直線の道路で区画されていれば，計画的に住宅地が造成された地域であると推察できます。農地であれば耕地整理が行われたことが考えられます。一方で，直線ではない道を中心に集落があれば，古くから集落が形成されていたことが推察できます。そこで，道路や土地の区画を観察させ，地域の成り立ちを考えさせました。

❻ミラーの数を数える

　直線ではない道を中心に形成された集落では，見通しが悪いため，敷地の出入り口に小さめのミラーを設置している家が多く見られました。そこで，ミラーのある場所を探して地図に記録させ，その数を数えさせました。

道路の特色を観察する

❼神社の歴史を示す物を探す

　神社の狛犬や灯籠，記念碑などに奉納した年号が記されていることがあります。これを手掛かりにすれば，少なくともその年代には道や集落が形成されていたことがわかります。観察した神社では，幟を立てる柱に「慶応」と記されていたことが読み取れました。

神社の石碑などを観察する

❽案内板や看板から読み取る

　地域の様子や文化財などを説明する案内板や注意を促す看板から読み取った情報をメモさせました。この授業では，「けやき通り」がつくられた経緯を紹介する案内板，ゴミの不法投棄を注意する看板，子どもの飛び出しに注意を促す看板に着目させました。

案内板から情報を読み取る

❾歩きながら土地の傾斜をとらえる

　❷で観察した土地の高さの違いを，実際に歩いて確認させます。途中で立ち止まって前後を見比べさせることで，微妙に傾斜していることがわかりました。

ここがポイント！

　授業設計の留意点として，教師が学校周辺の地域的特色や地域の課題をつかみ，どのような事象や事柄に着目させて観察や調査活動を位置付けていくか，検討しておかなければいけません。その際，1時間の授業の中で展開できる内容を考える必要があります。また，事前の安全指導を徹底するとともに，学習活動中の事故防止に努めることも求められます。

　ルートマップは，1：3000の地図を用いました。この地図と記録用紙を板目用紙にのせ，クリップで留めて持ち歩かせました。次時で，野外観察でメモした情報を整理させました。そして，「どうしてそのような様子が見られるのだろうか」と生徒に投げかけ，身近な地域についてどのような特色や課題があるのかを考えさせました。

16 野外調査

歴史的分野　　　　　歴史のとらえ方

野外観察を通して
身近な地域の歴史を調べさせる

1　身近な地域の歴史を調べさせる

　身近な地域の歴史を調べる活動を通して，地域への関心を高めるとともに，地域の具体的な事柄とのかかわりの中で我が国の歴史について理解させることをねらいました。ここでは，近世の日本の「産業や交通の発達」「各地方の生活文化」について，学校周辺にある用水，街道，庚申塔を観察し，調べる学習活動を設定しました。

2　学習活動を工夫する意図

　身近な地域の歴史を調べる学習では，地域の特性に応じて，生徒の関心を高めることができ，時代の特色をとらえさせるのに適切な歴史的事象を取り上げます。ここでは，学校周辺で江戸時代に開発された用水と堀，将軍が日光参詣に使った御成街道，江戸時代に建てられた庚申塔があることに着目して，野外観察のコースを設定しました。観察ポイントを設定して，各ポイントで教師が説明するとともに観察の視点を示しました。

単元構成
- ❶産業の発達と幕府政治の動き……6時間
- ❷身近な地域の歴史の野外観察……1時間
- ❸観察したことを資料から調べる…2時間

> 活動時間を確保するために2時間連続で授業を展開することも考えられる。

3　授業展開

T　江戸時代の産業や交通の発達，人々の生活や文化の様子について，学校周辺に見られる用水や街道，庚申塔を観察して調べましょう。

名称	観察の視点	次時に資料で調べること
用水と堀	・用水と堀の間にある水田の水の流れ ・用水と堀の深さの比較	・江戸の治水と利根川の瀬替え ・新田開発と用水
街道	・松並木の跡 ・土地の高さ ・街道についての説明（案内板）を読む	・日光御成街道
庚申塔	・庚申塔がつくられた年代 ・庚申塔に彫られている像（三猿など）	・庚申信仰 ・地域の伝統行事や祭

観察のポイント

T 庚申塔には，何が彫られているのか見てみましょう。
S 庚申塔の下に三猿が彫られています。
T 庚申塔の横や裏側に，つくられた年代が記されているか探してみましょう。
（以下，省略）

まず，教科書を主たる教材として江戸時代の農業や交通の発達等について学習し，それと関連する身近な地域の歴史を取り上げることで，歴史に対する関心を高めるとともに，具体的な観察や調査を通して理解を深めさせます。また，観察や調査の方法を身に付けさせることも意図しました。野外観察や博物館・資料館の見学などを位置付けるためには，教師自身が，身近な地域の歴史に関する教材研究を深めていくことが必要です。

17 歴史的分野 — 古代までの日本

遺物模型の活用

遺物模型を観察して土器の特色をとらえさせる

1 土器の模型を観察させる

学習指導要領では，歴史的分野の内容の取扱いについて「考古学などの成果の活用」と示されています。ここでは，縄文土器と弥生土器の遺物模型を利用しました。模型は，実物の形や色などを再現しています。模型を使い，実際に手に取って立体的に土器の特色を観察する学習活動を設定します。

2 学習活動を工夫する意図

縄文時代や弥生時代の生活・文化について具体物を通してとらえさせようと考えました。その際，遺物模型を使い実際に手に取って観察させ，土器の形状や表面の模様，色などの特徴を視覚や触覚を通して立体的にとらえさせることで，生徒の関心を高め，理解を深めることをねらいました。また，複数の土器を比較させ，共通点や相違点を見つけるよう課題設定して，観察の技能を身に付けさせることを意図しました。

3 授業展開

T 遺物模型を使って，土器の特色を調べましょう。実際に手に取って形や厚さを比べる，表面の模様を触る，色を観察するなどして，共通点や相違点を見つけ，土器の特色をとらえていきましょう。遺物模型は，落としたりぶつけたりしないように注意し，ていねいに扱ってください。

> まず，具体的に観察の方法と視点を指示する。

> 取り扱い上の留意点を事前に指導しておく。

共通点を見つけさせる

T この2つの土器には、どのような共通点が見られますか？
S 表面に線上の模様があります。触ると、でこぼこしています。
S 濃い茶色が共通しています。
T この模様は、どのようにしてつけたのでしょうか？

相違点を比べさせる

T この2つの土器を比べると、どのような違いが見られますか？
S 表面の色や模様、それに厚さが違います。
T どちらの土器の方が丈夫にできていると考えられますか？
（以下，省略）

ここが ポイント！

観察の仕方や視点を事前に指示しておくだけでなく，生徒の活動の状況を見て適宜声をかけていくとよいでしょう。この声かけは，同時に発問となり，生徒の学習状況を確認することができます。観察結果を基に思考を促す発問を投げかけ，学習を深めていくことも考えられます。ここでは，観察結果を記録させるために，表形式のワークシートを配付しました。

18 歴史的分野　近代の日本と世界

シミュレーション教材の活用

シミュレーション教材を活用して事象を疑似体験させる

1 シミュレーション教材を活用して理解を深めさせる

　シミュレーション教材は，学習対象となる事象を何らかの方法でモデル化したもので，それを操作することで事象を疑似体験的にとらえられるよう作成されています。ここでは，近代の産業の発展について発展的な学習として北海道の開発を取り上げ，「北海道鉄道建設ゲーム」を行いました。

2 学習活動を工夫する意図

　「北海道鉄道建設ゲーム」は，『新・シミュレーション教材の開発と実践』（山口幸男編著，古今書院，1999年）に紹介されている教材です。これを利用して北海道の鉄道建設の様子を疑似体験的にとらえさせようと考えました。
　このゲームでは，札幌と釧路を結ぶ鉄道建設のルートを考えさせます。作業用の地図は六角形のマス目（ヘクス）で構成されており，その中に建設ポイントを示す数字が書かれています。建設ポイントの合計が最小になるようにルートを考え，ヘクスを線で結ばせていきます。建設ポイントの設定は，実際の地形を反映させており，例えば，日高山脈などでは高い数値が設定されていますが，峠の部分は数値が周囲より低くなっています。また，鉄道が都市を結ぶことにも着目し，当時の代表的な都市が示され，そこを通る場合は収入ポイントが付与されて建設ポイントから差し引けるといった，ゲーム的な要素が工夫されています（詳細は同書をご参照ください）。

3 授業展開

T　屯田兵の入植など明治政府により始められた北海道の開発は，その後ど

のように進められたのでしょうか？　この授業では，鉄道建設に着目して北海道開発の様子をとらえていきましょう。

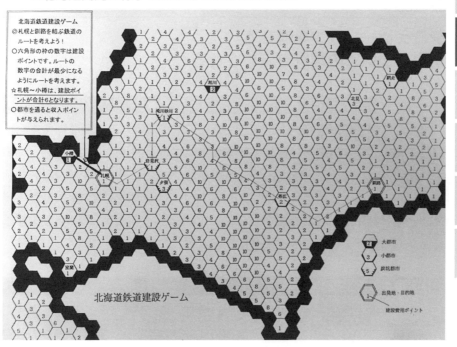

『新・シミュレーション教材の開発と実践』所収の作業用地図を利用して作成したワークシート

ここがポイント！

　作業に取り組ませる際，計算の苦手な生徒のために電卓を用意しておきます。ゲームに取り組ませた後，地図帳を使って北海道の地形とゲームで使用した作業用地図を見比べさせて，道央の山岳地帯で難工事であったことや，炭鉱都市と港湾都市を結ぶ輸送ルートとして，北海道の鉄道建設が近代日本の産業の発達に重要な役割を担っていたことなどを補足説明しました。

19 公民的分野 私たちと政治 民主政治と政治参加

模擬選挙

シミュレーションを通して選挙についての理解を深めさせる

1 シミュレーションの視点で選挙結果を考察する

　選挙について理解を深めさせる工夫として，模擬選挙の活用を考えました。模擬選挙では，立候補者，選挙管理委員，有権者といった役割を決め，選挙公約を考えさせたり，演説会の場面を設定したりとロールプレイング的な活動を展開することが考えられます。もう1つ，有権者の立場や選挙制度を変えると選挙結果がどう変わるか，シミュレーションの視点で活動を工夫することができます。ここでは，後者について紹介します。

2 学習活動を工夫する意図

　この授業は，民主主義と間接民主制，政党，選挙のしくみと課題，国民の政治参加について学習した単元の最後に位置付けました。架空の3つの政党と，その主要な政策課題，立候補者の主張を，教師が設定しました。生徒へ有権者の立場を説明したカードを配り，その立場を踏まえて投票するよう指示しました。カードは，20代の大学生，30代の会社経営者，40代の会社員，60代の農家という4つの立場を設定しました。投票は4回行います。1回目と2回目ではその都度カードを配り，異なる立場から投票させて，結果にどのような違いが生じたか考えさせました。3回目は，教室を2つの選挙区に分けてそれぞれ1人を選ぶ，1つの選挙区として2人選ぶ，といった選挙制度の違いにより，どのような結果になるかを，4回目は，政党を選ばせて比例代表制ではどうなるかをシミュレーションしました。このような活動を通して，政党の働きや選挙制度などに対する理解を深めるとともに，選挙の意義を考えさせ，関心を高めることをねらいました。

3 授業展開

T 選挙公報（ワークシート）にある３つの政党の政策課題，立候補者の主張を読み，「自分の立場カード」の人物の視点で，誰を選ぶか考え模擬選挙を行いましょう。そして，有権者の立場や選挙制度を変えると，結果にどのような違いが生じるか試してみましょう。

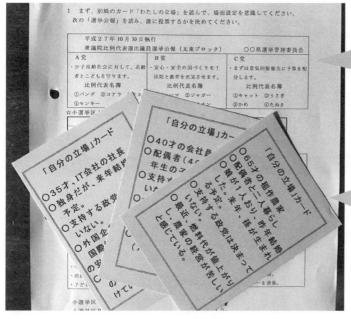

ワークシートは，政党や立候補者の情報の他，模擬選挙の投票結果を記録する表，考察内容の記入欄で構成した。

カードは，年齢や職業の他，生活状況や社会に対して関心のあることを設定した。

本時で使用したワークシートとカード（一部）

この授業では，有権者の立場を変えることで，多面的・多角的に思考することを促しました。一人ひとりの投票結果が，シミュレーションの結果に反映するため，生徒の学習意欲を触発し，選挙に対する関心を高めることも期待できます。学習の振り返りで，実際の選挙では投票率の低下が問題になっていることを補足説明しました。

20

公民的分野　　私たちと政治　　民主政治と政治参加

ロールプレイング

模擬裁判を通して裁判の流れや考え方について理解を深めさせる

1 模擬裁判を通して理解を深めさせる

　法に基づく公正な裁判が保障されていることについては，抽象的な理解にならないように裁判官，検察官，弁護士などの具体的な働きを通して理解させる工夫が大切です。ここでは，模擬裁判を通して裁判の流れや考え方について理解を深めさせようと考えました。

2 学習活動を工夫する意図

　ロールプレイングは，場面を設定して役割を演じる中で，その立場から考え方や心情などを理解したり，対応の仕方を考えたりすることなどをねらいとします。模擬裁判では，シナリオ（台本）に沿って裁判官，検察官，弁護士，被告などの役割を演じさせます。この学習活動を通して，裁判の流れを理解させるとともに，それぞれの立場の具体的な働きや心情などを疑似体験的にとらえさせようと考えました。シナリオは，法務省のホームページなどで入手することができます。

　単元は3時間で構成しました。第1時で裁判のしくみと働きについて説明してその知識を習得させ，第2時で模擬裁判を位置付け理解を深めさせました。そして第3時では，裁判員裁判について取り上げました。

3 授業展開

T　裁判は，どのような考え方に基づき，どのように進められるのでしょうか？　これから役割を分担して模擬裁判を行います。模擬裁判を通して考えていきましょう。

- 被告人は，酒店から高級洋酒をだまし取り，それを友人に売りつけたとして詐欺の容疑で逮捕，起訴された。
- 模擬裁判の場面は第一審で開廷，人定質問から論告・求刑，最終弁論まで。
- 登場人物は裁判官1名，検察官1名，弁護人1名，被告1名，証人1名，廷吏1名，傍聴人。
- 所要時間は約25分

模擬裁判の概要

模擬裁判の様子

T 裁判官を演じてみて，裁判官は，どのようなことに気をつけて裁判を進めていると思いましたか？

S 冷静に，何が正しいことなのかを考えながら裁判を進めていると思いました。中立の立場で両方から公平に意見を聞くようにしていると思います。

T 傍聴人の皆さんに聞きます。裁判官が中立な立場で裁判を進めているとわかる様子がありましたか？

S はい，検察官，弁護人が交互に意見を述べられるよう進めていました。
（以下，省略）

ここがポイント！

　模擬裁判が終わった後で，演じた生徒に感想を聞いてみたり，傍聴人として模擬裁判を見ていた生徒に質問したりして，裁判がどのような考え方に基づき，どのように進められていたのか考えさせました。さらに，この裁判の判決について各自で考えさせ，その理由とあわせてワークシートに記述させました。最後に，裁判官は判決を言い渡した後で，被告に控訴について説明することを補足しました。

21 地理的分野　世界の様々な地域　世界各地の人々の生活と環境

イラストマップづくり

イラストマップに学習したことをまとめさせる

1 衣食住や宗教に着目してイラストマップにまとめさせる

　「世界各地の人々の生活と環境」の学習では，自然的条件や社会的条件と関連付けながら，人々の生活や環境の多様性を理解させていきます。ここでは，単元の最後に，主に衣食住や宗教に着目してイラストマップに学習したことをまとめさせ，世界各地の人々の生活と環境の多様性について理解を深めさせようと考えました。

2 学習活動を工夫する意図

　1枚の地図に学習したことをまとめさせることで，世界各地の人々の生活や環境の多様性を視覚的にとらえ，理解を深めさせようと考えました。ここでは，B4判の用紙にミラー図法の世界の白地図を印刷して配付しました。このとき，地図の周りにイラストを配置するための余白ができるように，地図の大きさを調節しました。イラストマップのイメージをもたせるために，地図帳の主題図「世界の生活・文化」を参照させました。

　作業を進めるに当たり，世界各地の人々の生活や環境をバランスよくとらえさせるために，特定の地域にイラストが偏らないよう助言しました。イラストをかく作業は関心が高く，意欲的に作業に取り組む生徒が多く見られます。一方，イラストをかくことが苦手な生徒も見受けられます。そこで，イラスト集から伝統的な住居や衣服のイラストを集め，プリントを用意しました。これに色鉛筆で着色し，貼り付けてもよいこととしました。白地図に気候帯，主な主食の分布などを着色してからイラストを貼り付けるなど，表現を工夫することも考えられます。

3 授業展開

T これまで学習してきたことを基に，世界各地の人々の生活と環境の様子をイラストマップでまとめましょう。世界各地に見られる衣食住や宗教の様子をイラストにかき，その様子が見られる場所を白地図に示していきます。

地図を着色する場合，色鉛筆で薄くぬるよう助言する。

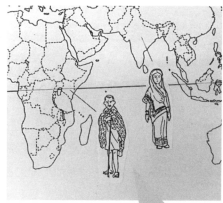

イラストを貼る場合，地図に重ならないよう助言する。

ここがポイント！

教師が提示する本時の学習課題や説明の中で「生活と環境の多様性について…」と言ってしまうと，生徒の気づきを奪ってしまうことになります。ここでは，「様子」と表現してみました。そして，作業を通して気づいたことを記述させたり，発表させたりする場面を設け，生徒自身に世界の人々の生活と環境が多様であることを表現させていきます。「いろいろ違いがある」「地域により特色が見られる」「多様である」といった表現が見られれば，本時のねらいが達成できていると判断できます。

22

地理的分野 / 世界の様々な地域 / 世界の様々な地域の調査

学習新聞づくり

世界の国や地域の特色を調べ
学習新聞にまとめさせる

1 調べたことを学習新聞にまとめさせる

　世界の様々な地域の調査では，適切な主題を設けて世界の国または地域の地域的特色を追究し，まとめる学習を展開していきます。ここでは，世界の国や地域の特色について調べたことを，学習新聞にまとめさせました。学習新聞は，調べたことを「いつ」「どこで」「だれ（何）が」「どのように」「どうして」といった視点を踏まえて新聞記事のようにまとめていきます。学習新聞の作成を通して，情報活用能力と表現の技能を高めようと考えたのです。

2 学習活動を工夫する意図

　学習新聞は，見出しやレイアウトを工夫したり，イラストや図，写真を入れたりすることでビジュアルに表現することができます。この実践では，必ず略地図を描き，位置を示すことを条件にしました。

単元構成（6時間扱い）
　　第1時　調査と新聞作成のガイダンス，調査主題の設定
　　第2時　情報の収集（図書室，コンピュータ室の利用）
　　第3時　情報の収集と選択，新聞のレイアウト決め，資料の作成
　　第4時　資料の作成，見出しや記事の下書き
　　第5時　学習新聞の作成
　　第6時　発表

3 授業展開

　第1時のガイダンスでは，調査の視点として「どのような特色があるの

か」を自然や産業，生活・文化などの項目で調べる静態地誌的なアプローチと「どうしてこのような特色が見られるのか」と特色ある地理的事象を取り上げて，その理由を追究する動態地誌的なアプローチを例示しました。

　学習新聞は，一定の紙面に集めた情報をまとめる必要があります。第3時で，取り上げる内容を整理させ，必要な情報を選択させました。取り上げる内容を決めたら，記事をどのように割り付けるか新聞のレイアウトを考えさせました。

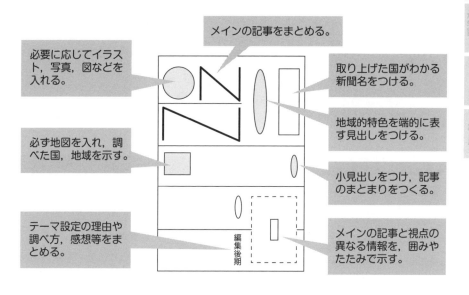

学習新聞のレイアウト例

　調査学習では，主題設定からまとめの仕方まで見通しをもって取り組ませることが大切です。そこで，第1時に「調査と新聞作成のガイダンス」を位置付け，調べる視点や情報収集の方法，学習新聞のまとめ方などを説明し，生徒に学習の見通しをもたせました。

地理的分野　世界の様々な地域　　世界の様々な地域の調査

掛け地図を使った発表
自分の調べた国を掛け地図で示しながら説明させる

1 掛け地図で示しながら発表させる

　世界の様々な国または地域を取り上げて調べ，学習新聞にまとめた成果を発表させる学習場面を設定しました。ここでは，発表の技能を培うとともに，友だちの発表から様々な国の地域的特色を学ぶことで世界の地理的認識を深めさせることをねらいました。発表については，掛け地図で位置を指し示しながら説明させることで，地図を使って位置や範囲，分布といった地理的な情報をわかりやすく伝えることを意識させました。

2 学習活動を工夫する意図

　多くの生徒は，発表の際，発表原稿を読むことに終始しがちです。また，聞き手も国名知識が十分に定着していないことがあり，国の位置がよくわからないでいる生徒も見受けられました。さらに，生徒は地図で示しながら説明することに慣れていないという実態がありました。そこで，「友だちに発表する国の位置をわかりやすく伝えるためにどうすればよいでしょうか？」と投げかけ，掛け地図を利用して説明することに着目させます。国の位置を説明する際の表現の仕方や指示棒の指し方については，実際に教師が実演してモデルを示しました。

　聞き手については，記録用のワークシートを用意し，発表した国と特色を示すキーワードをメモさせました。ここでは，1時間で全員の生徒に発表させたので，その内容は特色の概要を説明する程度となります。詳しい内容は作成した学習新聞を教室（または廊下）に掲示し，それを休み時間に読んでおくこととしました。

3 授業展開

T 学習新聞にまとめた世界の様々な国や地域の特色を発表しましょう。ところで、国の位置と名称について、しっかり覚えていますか？

S ちょっと自信がありません。わからない国があります。

T では、友だちに説明する国の位置をわかりやすく伝えるにはどうすればよいでしょう？

S 掛け地図で指し示すとよいと思います。

T そうです。そこで、今日の発表では、掛け地図を使って、調べた国や地域の位置を必ず指示棒で示してください。

（以下，省略）

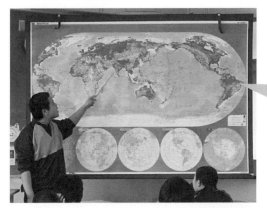

説明する国の位置を、正確に指し示すことを意識させる。地域を示す場合、指し棒を囲むように動かして、その範囲を示すようにさせる。

ここがポイント！

1時間の授業で全員に発表させるとなると、1人当たり1分で発表をまとめさせる必要があります。ここでは、発表で自分の調べた国と特色の概要を説明するに留め、詳細は掲示した学習新聞を読ませることとしました。掲示も発表の有効な手段となります。新聞作成に取りかかる前に、できあがったら教室などに掲示することを説明しておくとよいでしょう。作業にていねいに取り組もうとする意欲が高まると思います。

24

地理的分野 | 日本の様々な地域 | 身近な地域の調査

地図によるまとめ

分担して調査したことを1枚の地図にまとめて発表させる

1　1枚の地図にまとめさせる

　身近な地域の調査は、学習対象が生徒にとって直接経験地域であるという特質を生かし、観察や野外調査したことから資料をつくり、それを基に考察する活動に取り組むことができます。その際、地図を有効に活用します。ここでは、グループごとに調査課題を決め、班員が自宅周辺を中心に調査区域を分担して調査したことを、1枚の地図にまとめさせることとしました。1枚の地図に情報を集約することで、土地利用の特色や分布の傾向などがとらえやすくなると考えたのです。

2　学習活動を工夫する意図

　まず、どのような情報が収集できたのか把握するために、付箋紙に各自が収集した情報を書き出し、地図に貼らせました。そして、地図に示す情報を分類、整理させました。地図に情報をまとめるために、グループでどのように表現するか話し合い、凡例を決める必要があります。ここでは、土地利用を着色して示したり、分布をカラーシールで示したりする方法を、ヒントカードにしてグループに配付しました。

　地図がまとめられたら、土地利用や分布の傾向を読み取って地域的特色を考えさせたり、地域の課題について話し合わせたりしました。その過程や結果について、次の発表の流れを示しました。

①班で設定した調査課題
②調査方法

③各自が調査した地域を地図で示しながら、調べてわかったことの説明（分担して発表する）

④グループで話し合って考えた地域的特色や地域の課題

3 授業展開

単元の構成（資料作成から発表まで　6時間）

❶資料（地図にまとめる等）作成と考察…3時間
❷発表準備（発表原稿作成と発表練習）…1時間
❸発表（6班×10分）………………………2時間

> 発表する項目の分担や調査結果を発表する順番を決め、発表練習させる。

情報を付箋に書き出し地図に貼り付ける

情報を分類し凡例を決める

1枚の地図にまとめる

ここがポイント！

グループで1枚の地図を完成させることを課題とすることで、一人ひとりの生徒に責任感や有用感をもたせようと考えました。そのために、調査地域を決める際に、地図を使って調査範囲をバランスよく分担させます。発表では、実際に自分が観察したことや野外調査したことを、地図を指し示しながら発表するよう指示しました。調査方法を説明する中で、凡例についても説明させました。

25 歴史的分野　歴史のとらえ方

歴史の流れのまとめ

小学校との接続を考慮して歴史の流れをまとめさせる

1 小学校との接続を考慮する

　この単元は，中学校の歴史学習の導入として，時代区分やその移り変わりに気づかせ，歴史を学ぶ意欲を高めるとともに，年代の表し方や時代区分について理解させることをねらいとしています。ここでは，小学校との接続を考慮して，小学校で学習した歴史上の人物や文化財などに着目して，時代の移り変わりを大まかにまとめる作業的な学習活動を設定しました。

2 学習活動を工夫する意図

　学習課題を「時代の移り変わりを表す作品をつくろう」としました。各自で時代の移り変わりをまとめるための個人テーマを設定して，3～4の時代を選び，小学校で学習した歴史上の人物や出来事，文化財などをテーマに即して取り上げ，時代の流れに沿ってまとめさせました。

単元の構成（4時間扱い）
　第1時　歴史のとらえ方と歴史区分，年表のあらわし方
　第2時　学習課題の提示，個人テーマの設定，情報の収集
　第3時　取り上げる情報の選択と作品のまとめ
　第4時　作品の発表（グループ内で発表）と相互評価

　個人テーマの設定については，多くの生徒が戸惑うことが予想されます。そこで，第2時でテーマ設定の仕方について例示し，まとめ方のイメージをもたせました。資料として，小学校の教科書や資料集を用意させました。また，イラストをかくことが苦手で作業が進まない生徒のために，人物のイラストを用意しておきました。

3 授業展開

T 時代の移り変わりをイラストや説明でまとめる作品づくりをします。各自でテーマを設定して3〜4の時代を選び，小学校での学習を踏まえてその時代に活躍した人物や出来事，文化財などをテーマに即して取り上げてまとめます。初めに，テーマ設定や取り上げる内容について，例を基に考えてみましょう。

2校時　個人テーマの設定例

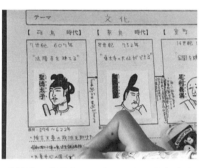

3校時　作品をワークシートにまとめる

　ここでは，3〜4の時代を取り上げさせました。すべての時代を網羅すると作業に時間がかかり，生徒の設定した個人テーマによっては小学校の学習内容だけでは情報が足りなくなり，新たに調べる必要が生じるからです。今回の作業では，小学校との接続を踏まえて，調べるというよりは，小学校での学習事項から必要な情報を選んでまとめるという形で作業に取り組ませようと考えました。4時間目に作品を発表させ合う中で，時代の流れの全体像を改めてとらえさせます。もし，どの作品にも取り上げられなかった時代がある場合，「だれも取り上げなかった時代があったか，年表で確かめてみよう」と発問し，押さえていければと思います。

26

歴史的分野　　　　　　　　　　中世の日本

スキット

源頼朝と東国の武士の主従関係を
スキットで表現させる

1 主従関係を表すセリフを考えさせる

　スキットとは寸劇のことで，英語の学習などで場面設定をした会話練習に使われています。社会の学習では，よく人物のセリフの形で理由や心情などを考えさせ，吹き出しに記述させることがあります。ここでは，スキットの形を利用して，源頼朝と東国の武士の主従関係を表すセリフを考えさせる学習活動を考えました。

2 学習活動を工夫する意図

　鎌倉幕府の成立について学習したまとめとして，スキットを利用しました。源頼朝に忠誠を誓う場面と，承久の乱に際して，幕府側と朝廷側のどちらに味方するか決断する場面の2つの場面を設定しました。鎌倉時代の武士の関係は，御恩と奉公という主従関係が特色です。このことを踏まえてスキットのセリフを考えさせました。場面設定をナレーションで説明して登場人物の立場や関係を理解させ，主人公（ここでは源頼朝に仕えることになる武士）のせりふを考えさせました。スキットができたらグループで役割を決めて，実際に発表させました。

3 授業展開

T　身近な地域にも，源頼朝に仕えた武士がいたのです。この武士と源頼朝との出会いの場面，その子孫が承久の乱のときに活躍する場面のそれぞれについて，空欄になっている部分に当てはまるセリフを考えて，スキットの台本を完成させましょう。

場面❶

ナレーション 1180年，源頼朝は石橋山の戦いで敗れたものの，東国の武士の支持を集め東国を支配下に治めました。平家側に味方した清久氏は，他の兄弟とともにとらえられ，頼朝に仕える三浦氏のもとに預けられていました。

三浦氏 頼朝様，大河戸広行（おおかわどひろゆき），清久秀行（きよくひでゆき）らを連れてまいりました。

大河戸広行 太郎広行にございます。

清久秀行 二郎秀行にございます。

源頼朝 顔を見せよ。おぉ，頼もしい顔をしている。平氏に味方したことを許す。これからは，私に仕えよ。

清久秀行 ＿＿＿＿＿＿＿＿＿＿＿＿＿＿＿＿＿＿＿＿＿＿＿＿＿＿＿＿＿＿。

場面❷

ナレーション 1221年，朝廷の北条氏討伐の命令に対し，清久氏は朝廷側，幕府側のどちらに味方するのでしょうか？

家来 朝廷から北条氏を討てとのこと，いかがされますか？

清久氏 ＿＿＿＿＿＿＿＿＿＿＿＿＿＿＿＿＿＿＿＿＿＿＿＿＿＿＿＿＿＿。

ナレーション 清久氏は幕府側の武士として戦い，宇治川の戦いで2名を討ち取る活躍をしました。

ここがポイント！

このスキットの主人公「清久氏（きよくし）」は，身近な地域の歴史にゆかりのある人物で，頼朝との出会いの場面は，『吾妻鏡（あづまかがみ）』という歴史書に記述のある出来事を参考に作成しました。私は，教材研究として郷土史を調べていて，このことを知りました。地域の歴史の素材を使えば，学習に対する生徒の関心を高め，身近な地域の歴史にも目を向けさせられると考え，この教材を作成しました。

27 ポスターづくり

歴史的分野　　　　　　　　　　　近世の日本

ポスターの形で
学習したことをまとめさせる

1 学習のまとめの形を工夫する

　適切な課題を設定して追究したことを，どのような形でまとめていくか，技能や表現力の育成も意識して，単元のまとめの学習活動は工夫のしどころです。ここでは，単元を貫く課題を，「ヨーロッパ人が日本に来航した目的は何だったのか？　そして，日本はどのような影響を受けたのだろうか？」と設定した学習のまとめとして，ヨーロッパ人の来航と日本が受けた影響をポスターの形で表現する活動を設定しました。

2 学習活動を工夫する意図

　ポスターでは，文字やイラスト，図表など様々な表現方法を組み合わせてまとめることができます。レイアウトを工夫させビジュアルにまとめさせたいと考えました。作成に当たって，必ず略年表を入れることを条件としました。また，地図やイラストをかき加えたり，見出しをつけたりして表現を工夫することなど助言しました。

　学習のまとめなので，単元を貫く課題に答える情報を取り上げる必要があります。ここでは，これまで学習したことを振り返らせることも意図してノートを活用するよう指示しました。

3 授業展開

T　これまで学習してきたことをポスター形式でまとめましょう。単元を貫く課題を踏まえて「ヨーロッパ人が日本に来航した目的」と「日本が受けた影響」について，必要な情報を選択してまとめましょう。その際，

ノートを活用しましょう。今回，ポスターに略年表を入れることを条件にします。ポイントとなる出来事を年表で表現しましょう。また，地図やイラストを書き加えたり，見出しをつけたりして表現を工夫すると見栄えのするポスターができると思います。レイアウトを工夫してまとめていきましょう。

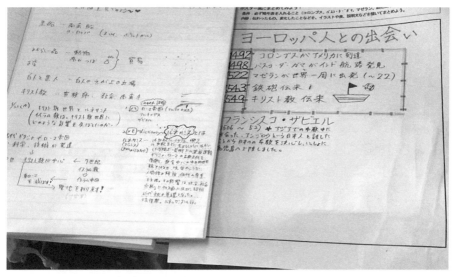

ノートを活用して情報を選択し，ポスター形式でまとめさせる

　ポスターに盛り込む情報を，単元を貫く課題に即して適切に選択させる必要があります。ヨーロッパの大航海時代の展開，鉄砲やキリスト教の伝来が統一事業に与えた影響，南蛮文化など多面的・多角的に情報を選択するよう生徒に助言するとよいでしょう。ポスターに表現する内容を選択できないでいる生徒に対しては，ノートを見直して，ヨーロッパ人が日本に伝えたことに着目するよう助言するなどの支援が必要になります。

近代の日本と世界

カードの活用
自分の思考の揺れ具合をカードに表現させる

1 思考の状態を可視化する

　生徒の思考をとらえるためには，何らかの形で表現させることが必要となります。その方法として記述がよく用いられますが，記述するためには，ある程度考えをまとめる必要があり，考察の途中での思考の揺れ具合をとらえるのに，もっとよい方法はないかと思いました。ここでは，ペリーの開国要求に対して開国に応じるべきか，拒絶するべきかどちらを選択するか当時の大名の立場になって考えさせる際に，生徒の思考の揺れを，色の割合で示すカードを使って表現させました。

2 学習活動を工夫する意図

　カードは次のように作成しました。まず，2枚の色画用紙（例えば青と赤）で同じ大きさの円を切り取ります。それぞれのカードに，円の中心まで1本切り込みを入れます。この切り込みに2枚のカードを挟み込ませるようにして重ね合わせます。

　このカードを使って，開国に応じるなら青く，拒絶なら赤くなるようにカードを操作させます。もし，迷っているなら色が半々になるようにカードを操作させます。これを基準に，自分の思考の微妙な揺れ具合をカードの色の割合で表現させます。学習の前後で表現させれば，思考の変化についても視覚的にとらえることができます。

　そして，「どうして，そのような色の割合にしたのですか？」と問いかけ，生徒の発言を引き出しました。開国と拒絶の間でどのように考え判断したのか，思考の揺れ具合をカードを示しながら説明させました。

3 授業展開

- **T** ペリーが持ってきた開国を求めるアメリカの国書に対して，幕府は応じるべきでしょうか？ それとも拒絶するべきでしょうか？ あなたの考えを色の割合で表してください。（カードの使い方を説明）
- **T** Aさんは，どうしてそのような色の割合にしたのですか？
- **S** 鎖国を続けたいけど，断ったらもっと圧力をかけられると思うから，長崎など部分的に開国すればいいと思い半分より少し青を多くしました。
- **T** Bさんも，Aさんと同じような色の割合だけど，どうしてですか？
- **S** 私は，戦争になったら勝てないけど，積極的に貿易したら欧米諸国の進出が止まらなくなるので，少しずつ開国すればよいと思いました。
- **T** Cさんは，2人と逆のパターンだけど，なぜ？
- **S** 今のまま貿易すると日本は競争できないので，開国しない方がいいと思いました。でも，戦争したら勝てないから強く拒否はできないと迷いました。
（以下，省略）

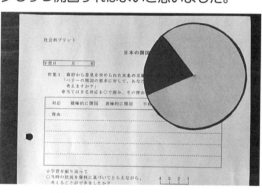

本時で使ったカードとワークシート

ここがポイント！

　この授業では，カードで生徒の思考の状況をとらえ，様々な考えを発表させるために，意図的に発表者を指名するための手掛かりとしても活用しました。なお，生徒には意見交換の後で，考えたことをワークシートに記述させました。そして，実際に当時の大名たちが幕府に伝えた意見はどのような内容のものが多かったのか資料を提示し，自分の考えと比較させました。

29 歴史的分野　近代の日本と世界

ロールプレイング

提示された場面における民衆の想いを考えさせる

1 立場を設定して考えさせる

　政治の動きを複眼的にとらえて理解を深めさせる工夫として，当時の民衆の視線で事象をとらえさせるという学習活動の工夫を考えました。ここでは，明治政府の条約改正の動きについて，教師は明治政府の役人という設定で，その立場から当時の国際関係や条約改正に関する政府の動きを説明します。生徒は民衆の立場から教師の説明を聞き，政府の政策をどのように思ったか考え，意見交換するという授業展開にしました。

2 学習活動を工夫する意図

　この授業では，岩倉使節団，欧化政策，ノルマントン号事件，日英通商航海条約締結の４つの場面を設定しました。教師は，明治政府の立場から政策のねらいや内容，当時の国際関係，条約改正交渉の状況を説明しました。教師の説明を聞いて，民衆はどのように思ったか当時の人々の立場から考え，発表させました。友だちの意見を聞くことで，多様な視点から歴史的事象を解釈させようと考えたのです。このような学習活動を各場面で行いました。

　教師が説明するときに，明治政府の役人という立場を意識して，話し方（口調）を工夫して語りかけるようにすると，生徒に臨場感をもたせることができます。

3 授業展開

T　1879年に外務卿となった私（井上馨）は，不平等条約を改正するには，諸外国に対して，日本が欧米諸国のような文明国になったことを示す必

要があると考えました。そこで，鹿鳴館という洋風建築の建物を造り，舞踏会を開き，外国からの国賓をもてなしたり，外交官を招いたりしました。このような取り組みは，欧化政策と呼ばれました。このような政策は，当時どのように受け止められていたのでしょうか？

S　連日の舞踏会は，遊んでいるようにしか見えず，不満でした。

T　どうして，そんなに不満だと思ったのですか？

S　税の負担は大変なのに，条約はなかなか改正することができなかったからです。

T　私は，条約交渉を粘り強く続けていたのですが，日本の裁判に外国人を参加させるなどの交渉内容が知られてしまったため，人々の反発が強まり，結局外務大臣を辞任することになりました。

（以下，省略）

条約改正の流れが分かるよう，4つの場面を横に並べた板書例

　当時の人々の視線で考えさせる際，欧米諸国との関係や新政府の諸改革，文明開化の学習を踏まえて考えるよう助言しました。発表では，どうしてそう考えたのか理由を問うと，生徒の思考の根拠がはっきりし，どのように解釈したのかとらえることができます。

30

公民的分野 | 私たちと現代社会 | 私たちが生きる現代社会と文化

グループ内発表

発表学習で学んだことを伝え合わせる

1 発表学習を通して学び合わせる

　発表学習では，発表の仕方を身に付けさせるとともに，聞き手に対して友だちの発表から学ばせることも重要です。単に聞いていただけで終わっては学び合いになりません。ここでは，現代社会の特色についてまとめたレポートをグループ内で発表させました。その際，学んだことや発表の評価を友だちに伝える学習活動を工夫しました。

2 学習活動を工夫する意図

　4人でグループを編成し，発表学習を行いました。グループ内で発表させることで，1時間の授業の中で全員の生徒に対して十分な時間を保障して発表させることができます。この実践では，1人につき5分以内の発表時間とし，加えて質疑応答とワークシートの記録に3分時間をとりました。

　学び合いの工夫として，ワークシートに発表から聞き取ったことをメモさせるとともに，友だちの発表のよかった点や，発表から学んだ点をコメントカードに記入させました。コメントカードは全員の発表が終わった後，発表者に渡し，受け取ったら各自のワークシートに貼りつけさせました。これにより，互いの発表を相互評価させるとともに，学んだことを互いに伝え合わせました。

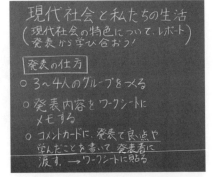

本時の学習の見通しをもたせる

3 授業展開

T　現代社会の特色について，レポートにまとめたことをグループ内で発表し合い，互いの発表から学び合いましょう。発表者は，自分なりに考察した現代社会の特色について，ポイントとなることを繰り返し言ったり，ゆっくり言ったりするなどして，聞き手にわかりやすく伝えましょう。聞き手は，ポイントとなることをワークシートにメモするとともに，発表者の良かった点や発表から学べたことをコメントカードに記入してください。コメントカードは，全員の発表が終わったら，発表者に渡してください。

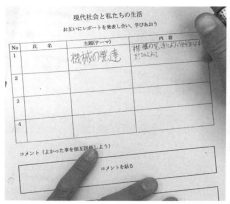

聞き取ったことをメモする

コメントカードを貼り付ける

　学んだことを伝え合わせることで，自分の発表が友だちの学習の役に立ったという充実感，自己有用感を味わわせようと考えました。また，友だちの発表のよかった点を伝え合わせることで，相互評価を促し，自分の発表に対する振り返り（自己評価）につなげさせようと考えました。このような活動を通して，友だちと学び合うことのよさを生徒に感じさせたいと考えました。

31 公民的分野　私たちと経済　市場の働きと経済

広告調べ

広告を見比べさせ、利用上で注意すべき点を話し合わせる

1　身近な広告を見比べさせる

　身近なものを授業に活用することで、学習に対する生徒の関心を高めることができます。ここでは、消費生活についての学習単元の導入として、新聞の折り込み広告に着目しました。折り込み広告は、生徒にとって身近な情報源であり、多くの生徒に活用した経験があると思われます。そこで、広告を見比べさせて多くの広告に共通する表現の仕方を見つけ、利用するうえで注意すべき点をグループで話し合う活動を設定しました。

2　学習活動を工夫する意図

　最初に、どのようなときに広告を見るか発問し、商品の選択に着目させました。続けて、企業が広告を出す理由を問いました。これらの発問を通して、消費者と企業の関係に着目させました。
　次に、広告のどの部分に目がいくのか、広告の表現について見比べさせ、気づいたことを意見交換させました。そして、広告を利用するうえで注意すべき点をグループで話し合わせました。グループに1枚ホワイトボードを渡しておき、それに話し合ったことをまとめさせました。これらの活動を通して広告の利用の仕方を考えさせ、生徒自身の消費生活につなげていくことを意図しました。

3　授業展開

T　広告を利用するうえで、どのようなことに気をつける必要があると思いましたか？　先ほど「どこに目がいくのか」について意見交換したこと

を手掛かりにしてグループで話し合ってみましょう。その結果は，グループごとにホワイトボードにまとめてください。

S 商品の値段が税抜きで大きく書かれているので，支払いがいくらになるのか税込み価格を確認する必要があります。

S たくさん買うと，税抜きと税込みで合計額が結構変わるよね。

S 価格が税込みか確認（書き込む）。

広告を見比べる　　　　　　　ホワイトボードに班員の意見をまとめる

T 話し合ったことがまとめられたら，ホワイトボードと広告を机の上に置いてください。これから時間を取りますので，各グループをまわってホワイトボードを読み合い，互いの意見を共有しましょう。

この授業では，商品の選択など消費行動の仕方や広告表示と関連付けて消費者の権利の保護などに着目させるよう発問を考えました。広告の記載については，「不当景品類及び不当表示防止法」が定められています。この点を教師が補足することで消費者行政についても触れ，今後の学習の伏線としました。

32

公民的分野　私たちと政治　民主政治と政治参加

新聞の活用

新聞記事の読み取りを通して政治の動きに関心をもたせる

1 新聞を使って政治の動きをとらえさせる

　新聞は，生徒にとって政治や社会，経済の動きをとらえる格好の資料となります。ここでは，議会制民主主義の意義や政党，選挙，国民の政治参加について学習した後，ここ1か月間の新聞を使って政治の動きに関するニュースを取り上げ，どのような動きがあったのかをとらえさせました。これにより，政治の動きに対する関心をもたせ，国会や内閣のしくみや働きについての学習の導入としました。

2 学習活動を工夫する意図

　3～4人でグループを編成し，ここ1か月間の新聞から1日分を各グループに渡し，主に一面の記事に着目して政治の動きに関する記事を読み取らせました。新聞は，政治の動きがとらえやすい記事が掲載されている日のものを教師があらかじめ選んで用意しておきました。その記事の見出しと，記事の中から政治に関するキーワードを書き出させました。それを，日付順に並べて掲示し，簡単に発表させました。これにより，ここ1か月の政治の動きを大まかにとらえさせ，政治の動きに対する関心をもたせようと考えたのです。また，生徒が取り上げたキーワードには，「与野党」「世論」など授業で既習の言葉があり，学習したことが自分たちの生活につながっていることを意識付けることができました。

3 授業展開

T　ここ1か月間の新聞記事から，どのような政治の動きがあったのかを読

み取ってみましょう。グループで1日分の新聞を分担し，政治の動きに関するニュースを1つ取り上げて，その内容を読み取りましょう。記事の見出しと，記事にあった政治に関するキーワードを書き出してください。その結果を黒板に日付順に掲示します。

取り上げる記事を話し合う

政治に関するキーワードを書き出す

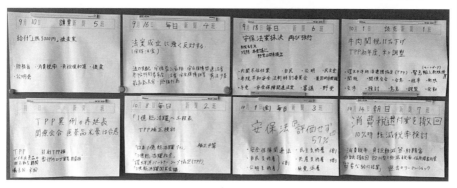
日付順に黒板に貼り，1か月の大まかな政治の動きをとらえさせる

新聞社により同じ出来事でも取り上げ方が違う場合があり，複数の情報を比べるなどして，主体的に考え判断する必要があることを説明しました。このような活動を通してメディアリテラシーを高めていきます。

33

地理的分野 / 世界の様々な地域 / 世界の諸地域

ジグソー法

互いの情報を伝え合い
総合して全体像に迫らせる

1 ジグソー法を活用する

　ジグソー法は，他者と協力して学習を深めていく方法で，自分の分担した項目を学ぶ活動（エキスパート活動）と，互いに分担した内容を教え合う活動（ジグソー活動），学び合った情報を統合し，その結果を発表し合う活動（クロストーク活動）で構成されます。ここでは，南アフリカ州の学習で「アマゾンの熱帯林では，どうして森林の保全が難しいのか？」と課題設定して，1時間でジグソー法を活用した授業を構成しました。

2 学習活動を工夫する意図

　ここでは1時間扱いで行うため，教師が情報をカードにまとめて生徒に渡しました。情報カードは「伝統的な焼畑農業を営む農民」「自然保護団体」「バイオ燃料生産者」「政府関係者」の4つの項目を用意しました。生徒には，4人グループをつくらせ，1人に1つ項目を分担させました。エキスパート活動において，同じ項目を分担した生徒を集めて，伝える内容の意味を確認させたり，それに関連する位置や分布などの情報を地図帳で調べさせたりしました。ジグソー活動では，4人グループに戻り，互いに情報を教え合う活動を展開します。最後に，個人で，教え合った情報を統合して課題について自分なりに考えたことを記述，発表させました。

3 授業展開

T 「アマゾンの熱帯林では，どうして森林の保全が難しいのか？」。4つの立場から得た情報を総合して，理由を自分なりにまとめましょう。

昔から焼畑を行っている農民の話	バイオ燃料生産者の話
アマゾンでは昔から焼畑が行われていました。適切な範囲で行えば数年で森は回復します。ところが，牧場や大規模な農場の開発は，広範囲で森林を伐採してしまい，土地が荒れ森は元に戻りません。アマゾンの森林は法律で保護されていますが，違法な伐採や焼畑を行う人がいて森林破壊が進んでいます。 ●牧場や農場の開発が進んだ地域を地図で調べる。	ブラジルではアルコールを燃料にして走る車の開発・普及が進んでいます。ブラジルのバイオ燃料の主な原料はサトウキビです。収穫量のほぼ半分がバイオ燃料の生産に活用され，半分は砂糖をつくります。バイオ燃料は石油と違って再生可能で，今後ますます生産量が増えると思います。 ●サトウキビ生産がさかんな地域を地図で調べる。
自然保護団体の代表の話	政府関係者の話
アマゾンは資源が豊富な地域です。1980年代のカラジャス鉱山の開発は，一方で森林破壊をもたらしました。現在では大豆生産が盛んになり，新たな農地の開発のために森林破壊が起きていると言われています。また，バイオ燃料の原料となるサトウキビ生産拡大の影響が心配です。 ●カラジャス鉱山の位置と産出する資源を地図で調べる。	ブラジルでは森林を保護するために，土地の所有者に所有面積の80％に当たる森林を保護することを義務づけています。また，開発業者に対し厳しい審査をして許可しています。しかし，広大なアマゾンを監視することは大変です。国際協力を得て，人工衛星も活用して環境保全に努めています。 ●森林破壊が激しい地域は，どのような土地に変わったのか地図で調べる。

情報カードの例（●は調べる内容）

　この授業では，教師が与える情報をいかに精選し，配分して資料（情報カード）を作成するかがポイントになります。情報量が多すぎたり難易度が高すぎたりすると，生徒の理解が不十分になり，教え合う活動が難しくなる心配があります。また，資料の構成が不適切だと，統合したときに課題解決に必要な情報がそろわなくなる恐れがあります。

地理的分野 | 日本の様々な地域 | 世界と比べた日本の地域的特色

新聞の活用

新聞記事から日本の自然災害の様子を読み取らせる

1 新聞記事を活用する

　新聞記事は，取材で得た根拠に基づいて「いつ」「どこで」「何が」「だれが」「どうして」「どのように」といった視点を押さえて記述されています。写真が添えられていることもあり，出来事を具体的にとらえることができます。また，必要に応じて専門家のコメントや解説があり，理解を深めることができます。ここでは，日本の自然災害の様子を新聞記事から読み取ることを考えました。

2 学習活動を工夫する意図

　自然災害の様子を，災害の原因となる自然現象，それと関連して起こる災害の様子，実際の被害の様子，生活への影響，防災の視点など，総合的にとらえさせることが大切だと考えます。その点，新聞記事は，上記のことを記述していて格好の情報源と言えます。ここでは，読み取った情報を関連図でまとめさせました。

　主要な新聞社は，月ごとに縮刷版を発行しています。これを利用して，どの時期にどのような災害が起きているのか分担して調べる学習活動を設定することができます。例えば，36人の学級であれば3人1組で12グループできます。グループごとに1か月分（つまり1冊）の縮刷版を用意し，その月に起きた自然災害を新聞記事から探して書き出させるのです。索引を利用して書き出させ，気になる記事を実際に読ませると早く作業できます。作業結果を黒板に貼り出せば，1年間に起きた主な自然災害がわかる，という具合です。

3 授業展開

T 様々な自然災害の様子を，グループで分担して新聞記事から読み取ってみましょう。その際，災害の原因となる自然現象と，それと関連して起こる災害の様子，実際の被害の様子と生活への影響を読み取り，関連図にまとめましょう。さらに，どのような備えや対策が必要なのか防災についても考えましょう。

```
・台風による豪雨
・地震
・火山の噴火
・干害・冷害
         など
```

取り上げる災害の例

```
              台風の発生
冠水      ／       ＼
洪水 ― 集中豪雨 ― 土砂崩れ  強風 ― 作物の被害
住宅への浸水     通行止め   防風林
         堤防  早めの避難
```

関連図の例

　日本では，台風や地震，火山の噴火など様々な自然災害が発生します。その特色を，災害が発生する原因や私たちの生活への影響など総合的にとらえさせ，防災の重要性を理解させようと考えました。その際，身近な地域にも目を向けさせ，地域での防災への努力について認識させることも大切です。

　新聞の縮刷版については，地域の図書館との連携によって準備することができます。生徒の中には，調べることに夢中になり，借りた本に線を引いてしまう生徒もいるかもしれないので，資料の扱い方についても事前にしっかり指導しておきましょう。

35

地理的分野 | 日本の様々な地域 | 日本の諸地域

発表

調べたことをキーワードや短文で示しながら発表させる

1 キーワードや短文を用いて発表させる

　日本の諸地域の学習では，7つの考察の仕方に基づいて，特色ある地理的事象を見いだし，それを動態地誌的に追究し地域的特色をとらえさせていきます。ここでは，近畿地方について「環境問題や環境保全を中核とした考察」を基にして，グループで分担して調べた過程や結果を，キーワードや短文で示しながら発表させていきました。

2 学習活動を工夫する意図

　生徒にとって，発表内容を聞き取りながらメモすることは案外難しい作業です。だからといって，詳しい説明を書いて提示すると，それを見て写し取ろうとして発表を聞くことが疎かになってしまいます。そこで，調べたことをキーワードや短文で端的に示すことにしました。また，グループで担当したテーマを追究するために，グループ内で調査項目を分担させました。まず，各自が調べたことについてB4用紙にキーワードをまとめさせます。それを，追究の過程がわかるよう，発表の流れに合わせて模造紙に貼り付けさせ，発表資料としました。

発表資料の作成

3 授業展開

T　各グループの発表から，近畿地方各地の地域的特色を学び合いましょう。発表者は，聞き手にわかりやすく伝えられるよう，発表資料を指し示し

ながら説明しましょう。必要に応じて掛け地図で位置を指したり，写真や地図などの資料を提示したりしましょう。聞き手は，キーワードをメモするとともに，その様子がどのようなこととつながっているのか，関連に気をつけて説明を聞きましょう。

- ●琵琶湖周辺地域の環境問題
- ●京都の街並み保存と開発の問題
- ●大阪の都市問題
- ●阪神工業地帯の環境問題
- ●奈良のため池の利用と保全
- ●神戸の都市開発

調査テーマの例

資料を掲示して発表

地図や写真などの資料を提示

掛け地図で位置を示す

ここがポイント！

キーワードを示したことで，素早くメモすることができ，どのような特色があるのかポイントを押さえて説明を聞くことができていました。聞き手には，キーワードをメモさせるとともに，事象間の関連に注意して発表を聞き，関連する語を線で結ぶよう助言しました。

36 情報の分類

公民的分野 / 私たちと現代社会 / 私たちが生きる現代社会と文化

インタビューしたことを基に現代社会の変化をとらえさせる

1 身近な大人にインタビューさせる

　この単元では，現代社会の特色としてグローバル化や少子高齢化，情報化が進んでいることを理解させます。ここでは，高度成長期から現在までの社会の変化について，身近な大人にインタビューしたことを基にとらえさせようと考えました。

2 学習活動を工夫する意図

　インタビューは宿題として課しました。授業では，聞き取ってきたことについて，その概要がわかるようカードに書かせました。それをグループ内で報告させ合い，現代社会の変化から見て同質のものをまとめさせました。カードにすることで，内容をまとまりごとに整理するときに具体的な操作をしながら考えさせることができ，便利です。整理できたらカードを台紙に貼らせました。そして，どのような視点で整理したのかがわかるよう，まとまりごとに見出しを考え記入させました。

3 授業展開

T　まず，インタビューで聞き取ったことをカードに記入します。次に，グループ内で聞き取ったことを報告しカードを台紙の上に置きます。そして，共通する内容ごとにまとまりをつくり，カードを分類しま

カードを分類させる

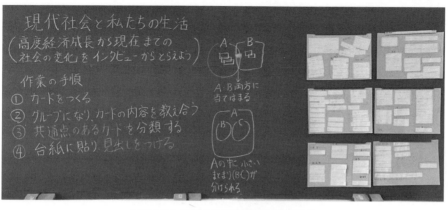

作業手順と分類の仕方を板書で説明する

しょう。
T コンビニエンスストアの普及に着目して、それと結び付く他の社会の変化の様子を、皆さんがまとめたカードから探してみましょう。
S ATMや電子マネーの普及が関連しています。
S コンピュータで商品を管理していることと結び付きます。

コンビニエンスストアに着目してまとめさせる

ここがポイント！

聞き取ったことを分類させた後、具体例を基に現代社会の特色について考えさせる活動を設定しました。ここでは、コンビニエンスストアの普及と結びつく様子をまとめさせ、情報化の進展が買い物の仕方や店の経営の仕方、銀行の形などにも変化をもたらしていることに気づかせました。

37

公民的分野 | 私たちと経済 | 国民の生活と政府の役割

スキット

スキットを通して悪質商法に対する理解を深めさせる

1 スキットを通して理解を深めさせる

　スキット（寸劇）は，会話形式で場面を再現したいときに適しています。ここでは，キャッチセールスを事例にスキットを作成しました。これを活用してキャッチセールスの手法を理解させ，どのような点が問題なのか考えさせるとともに，対処法を考えさせることをねらいとしました。

2 学習活動を工夫する意図

　スキットの活用の仕方を3つ考えました。まず，台本をそのまま渡して演示させるロールプレイングです。2つめは，あらかじめ場面設定を説明し，片方の問いかけに対して答えを返すよう指示しておき即興で演示させる展開です。3つめは，台本の一部を空欄にしておき，当てはまるせりふを考えさせる展開です。この授業では，2つめと3つめの展開を組み合わせて学習活動を構成しました。

　まず教師が業者の役になり，生徒に消費者の役を当て，即興的にスキットを演示させます。これにより，悪質手法に対する生徒の関心を高めます。次にスキットの台本を配り，自分ならどのように対応するか，消費者役のセリフを考えさせ台本を完成させます。この活動を通して，キャッチセールスについて理解させるとともに，対応の仕方を考えさせます。

3 授業展開

T　即興で演じてもらいましたが，この場面で何が問題となりますか？
S　アンケートと言いながら，チケットを売りつけようとしていることです。

S　しつこく売ろうとしているし，ちゃんとしたチケットか怪しいです。
T　このような売り方をキャッチセールスと言います。中には，悪質な場合があり気をつけなくてはいけません。では，台本を配りますので，自分ならどう対応するかせりふを考えてみましょう。

スキットの場面

ナレーション　あなた（A）は，駅前広場で友だちを待っていました。そこへ，アンケートに協力してほしいと声をかけられました。
B　若者に人気のアイドルについてアンケートをお願いしているのですが，協力してもらえませんか？
A　いいですよ。
B　好きなアイドルはだれですか？
A　○○です。
B　かっこいいよね。ところでアイドルが出演する映画とか興味ある？
A　はい。
B　会員になると東京の映画館で使える年間パスポート（チケット）があるのだけど，どうですか？
A　＿＿＿＿＿＿＿＿＿＿＿＿＿＿＿＿＿＿＿＿＿＿＿＿＿＿＿＿＿＿。
B　5,000円だよ。お買い得だよ。買わないと損だよ。
A　＿＿＿＿＿＿＿＿＿＿＿＿＿＿＿＿＿＿＿＿＿＿＿＿＿＿＿＿＿＿。

ポイント！

　スキットを完成させた後で，ここで購入してよいのか，何か問題はないか意見交換させました。そして，断るためにはどう言えばよいか最後のセリフを再考させました。このような意見交換を通して，悪質商法に対する理解を深め，対応の仕方について考えを広げようと意図しました。

38 公民的分野 — 私たちと政治 — 人間の尊重と日本国憲法の基本的原則

モデルディベート

モデルディベートを通して基本的人権について考えさせる

1 モデルディベートを活用する

　ディベートは，ある主題（論題）に対して，2つのグループが賛成（肯定），反対（否定）の立場に分かれて第三者を説得し合う，討論によるゲームです。ディベートには一定のルールと流れがあります。これらをシナリオに基づいて体験し理解させる手法が「モデルディベート」です。ここでは，この手法を利用して，基本的人権について考えさせようと思います。

2 学習活動を工夫する意図

　人間の尊重と日本国憲法の基本的原則の学習のまとめとして，2時間扱いでモデルディベートに取り組ませました。第1時でシナリオを渡し，その一部を自分たちで付け加えさせました。その際，グループになって教え合いながらシナリオを考えさせました。第2時で読み方の練習をさせ，後半で立場を分担してモデルディベートを行わせました。

　論題は，「男性に育児休暇を取ることを，企業に義務づけるべきである」と設定しました。これまで学習した平等権，自由権，社会権の内容を活用させるとともに，男性の育児休暇取得の現状や育児休暇を取りにくい理由，外国の制度など育児休暇に関する資料を示して考えさせました。

3 授業展開

T　シナリオにある肯定側，否定側の立論や質疑応答，反駁について，自分たちで2つめの意見を考えてつけ加えましょう。これまで学習した基本的人権の内容や，これから提示する資料を活用して考えましょう。

> 生徒によっては，シナリオの付け足しについて反駁まで書けないことも考えられる。まずは，肯定，否定双方の立論ができれば，概ね満足ととらえる。モデルディベートを行ううえで，付け足し部分がなくても支障はない。

❶ 肯定側立論
❷ 否定側質疑
❸ 否定側立論
❹ 肯定側質疑
❺ 否定側反駁
❻ 肯定側反駁
❼ 判　　　定

> 司会が示した時間内で発言できるようにシナリオを付け足す。

ディベートの流れ

配付したシナリオ（一部）

司　会　これからモデルディベートを開始します。
　　　　論題は「男性が育児休暇をとることを企業に義務づけるべきである」です。3分以内で，肯定側の立論をお願いします。

❶肯定側立論

　よろしくお願いします。
　はじめに定義です。育児休暇を，育児のために取る休暇と定義します。
　次に，プランです。私は，男性が育児休暇をとることを企業に義務づけるための方法として，次のプランを提案します。企業は，必ず男性に育児休暇をとらせることとします。育児休暇の期間を，
（1週間・1か月・6か月・1年）とします。
この間の給料は（全額保障・半額保障・無給）
としますが，ボーナスは，支払われません。休
暇中，代わりの人を臨時で雇うことはしません。
会社内で仕事を分担し直します。
　このプランにより発生するメリットを2つ述べます。
　1つめは「女性の働く権利の保障」です。スウェーデンやアメリカと比較

> プランについて（　）内の条件を生徒に選択させる。

して日本は20代～30代の女性が働いている割合が低いことがわかります。これは育児のため仕事をやめる女性が多いからだと考えられます。このプランにより，男性も積極的に育児に参加することで女性の負担が軽くなり，仕事を続けやすくなります。

2つめは

> 書けない生徒には，男性から見たメリットを考えるよう助言する。

　以上のことから，男性が育児休暇をとることを企業に義務づけることに賛成します。

司　会　否定側から，1分以内で質疑をお願いします。
❷否定側質疑
否定側　育児休暇をとっている間の収入は，減るということですか？
肯定側　

否定側　男性が積極的に育児参加できるといいましたが，結局女性の負担は軽くならないのではないでしょうか？
肯定側　

否定側　以上です。

> 否定側の質問に対し，肯定側の立場から回答を考えさせる。

司　会　3分以内で，否定側の立論をお願いします。
❸否定側立論
　よろしくお願いします。
　定義とプランですが，肯定側と同じとします。
　このプランにより発生するデメリットを2つ述べます。

１つめは**「職場の理解が得にくい」**です。休んでいる期間に仕事に支障が生じる心配があります。男性の育児休暇をとっている人は内閣府男女参画局の調査によると，平成23年の調査で約2.6％と極めて低いです。今の日本の現状で，肯定側のプランを実施すると企業も混乱することが予想されます。

２つめは

以上のことから，男性が育児休暇をとることを企業に義務づけることに反対します。（以下，省略）

３人でグループを組み，肯定，否定，司会（判定）の立場を分担させる

ここがポイント！

この学習では，ディベートの形を利用して基本的人権について考えさせることがねらいです。ディベートは，肯定・否定という相反する視点から複眼的に物事をとらえさせることができます。シナリオを付け足す活動で，教師はこの視点を意識して「男性のメリットとデメリット両方を考えてみよう」「企業にとってはどうだろう」などと多面的・多角的に考えさせるよう声をかけていきました。

39

公民的分野 | 私たちと国際社会の諸課題　　世界平和と人類の福祉の増大

ブレーンストーミングとKJ法

気づいたことをカードに書き出し
整理することで思考を深めさせる

1 カードに書き出したことを分類整理させる

　社会的事象は，様々な要因が複雑に関連し合って成り立っています。その構造をとらえさせるために，気づいたことをどんどんカードに書き出させ，それを分類整理して，関係性を線や矢印で表現させようと考えました。ここでは，世界の貧困問題を取り上げて，その現状と支援の方策について考えさせていきました。

2 学習活動を工夫する意図

　生徒は，小学6年で国際協力について学習していたり，生活の中でニュースなどの情報に触れたりしていて，貧困問題について結構知識がありました。そこで，既得知識を活用した授業展開を考えました。
　世界の貧困問題の現状では，思いつくことをどんどんカードに書かせ，それを黒板に貼らせました。その際，類似した内容のカードがあった場合，そのカードに寄せて，同じ場合は重ねて貼らせました。概ねカードが貼り終わったら，整理・分類させて線でくくり，その内容がわかる見出しを付けさせました。関係性があるものは矢印で示しました。この手順は，KJ法を参考にしました。
　支援の方策については，小グループでアイデアを出し合わせ，出てきたアイデアをカードに書き留めさせます。アイデアを出し合う段階では質より量，友達の意見を批判しない，友だちのアイデアに付け足してよいことを話しました。これは，ブレーンストーミングの進め方を参考にしました。そして，効果的だと思われるアイデアをグループで選び，黒板に貼らせました。

3 授業展開

T 世界の貧困問題は，具体的にどのような状況があるのでしょうか？ 皆さんが知っていることをカードに書き出し，それを黒板に貼っていきましょう。カードを貼るときには，すでに貼ってあるカードを読み，同じ内容があれば重ねて，似ている場合は近くに貼るようにしてください。

黒板にカードを貼る

代表の生徒が分類する

> 分類させるときは，必要に応じてカードを貼り直すよう指示する。

本時の板書例

ここがポイント！

この授業では，貧困問題の現状と対策について，生徒の既得知識を活用して学習を進めます。その際，生徒の知識に偏りがあったり，理解が不十分であったりすることも予想されます。その場合は，教師が補足説明や資料提示などを行い支援していきます。

公民的分野 | 私たちと国際社会の諸課題 | 世界平和と人類の福祉の増大

シミュレーション教材の活用

貿易ゲームを通して
国際社会の抱える諸課題に着目させる

1 貿易ゲームを活用する

　貿易ゲームは，資源の不均等な分布や経済格差などの世界の様子を反映させて条件設定し，生産や貿易といった経済活動を展開する中で，疑似体験的に不公平な貿易，貧困問題や南北問題など国際社会の抱える諸課題について考えさせることができる，開発教育の教材です。

2 学習活動を工夫する意図

　この授業は「世界平和と人類の福祉の増大」の導入として位置付けました。ゲームの進め方は，『新しい開発教育のすすめ方　地球市民を育てる現場から』（開発教育推進セミナー編，古今書院，1995年）を参照し，生徒の実態に合わせ，1時間の授業の中で取り組めるよう設定を工夫しました。

　活動に使う材料（画用紙），道具（のり，はさみ）は，材料も道具もある班，材料または道具はある班，両方不足の班となるよう不均等に分け，袋に入れて配ります。ゲーム開始直後，作業できずに戸惑う班がありますが，教師は様子を見ます。生徒が何か言ってきても「必要なものをみんなで協力してそろえましょう」と言って対応を終わらせます。ゲーム終了後，活動を振り返らせ，気づいたことを意見交換させました。

3 授業展開

T　これからグループ対抗でゲームをします。グループを1つの国とします。食料，服，住居，車を必要な数だけそろえてください。制限時間は20分です。ルールを説明します。材料と道具をこれから配りますが，配られ

たもの以外は使ってはいけません。自分のはさみ，のりは使わないでください。そろえる数とつくり方は，次の通りです。

- ●食料（100個）…緑の画用紙の線にそって，はさみで切り取り四角形をつくる。
- ●服　（30着）…青の画用紙の線にそって，はさみで切り取り服の形をつくる。
- ●住居（30戸）…赤の画用紙の線にそって，はさみで切り取り三角形をつくる。
　　　　　　　　白の画用紙の線にそって，はさみで切り取り四角形をつくる。
　　　　　　　　それをのりで貼り合わせて家の形をつくる。
- ●車　（10台）…黄色の画用紙の線にそって，はさみで切り取り車体をつくる。
　　　　　　　　黄色以外の画用紙のあまりを使って丸く切り取りタイヤを2つつくり，それをのりで貼り合わせて完成。

	1班	2班	3班	4班
食料	150	50	50	30
服	10	20	30	10
住居（屋根）	40	10	50	10
住居（壁）	40	0	50	10
車体	10	0	50	0
はさみ	2	3	0	0
のり	1	3	0	0

材料と道具の配分例

材料と道具は，両方が十分にある，どちらかが十分にある，どちらも不十分など，様々なパターンで不均等に配分し，袋に入れて渡します。

※貿易ゲームは，イギリスのNGO団体「クリスチャン・エイド」が，1982年に発表した教材です。

ここがポイント！

　ゲーム終了後，活動を振り返って感じたことや気づいたことをワークシートに書かせ，意見交換をさせました。結果に差が生じた理由やどうすれば全部の班が必要数をそろえられるのか等，発問して考えさせる中で，国際社会の抱える貧困や不平等など諸問題に着目させ，次時以降の学習に対する関心を引き出していきます。

41

公民的分野　私たちと現代社会　現代社会をとらえる見方や考え方

話し合い

意志決定を迫る場面設定をして
生徒の多様な意見を引き出す

1　意志決定を迫る場面を設定する

　現代社会をとらえる見方や考え方の学習では,「対立と合意」「効率と公正」「ルールの必要性」といった概念をとらえさせていきます。ここでは,教えるというよりは,気づかせる学習活動の工夫が求められます。そこで,場面を設定して,「あなたならどう考えるか」と意志決定を迫り,生徒の価値観を表出させるようなしかけをつくり,多様な意見を引きだそうと考えました。

2　学習活動を工夫する意図

　「現代社会をとらえる見方や考え方」の学習を4時間で構成し,中心的に取り上げる概念を位置付けました。場面設定については,生徒の身近な社会集団である家庭,学校,地域を取り上げ,問題場面を考えました。

単元構成
　第1時　家庭で家事の分担を考える……………………………対立と合意
　第2時　学校の部活動でグラウンドの使い方を考える……効率と公正
　第3時　マンションでペットを飼う是非を考える…………ルール,契約
　第4時　地域清掃への参加について考える…………………社会参画

　第1時では,結婚をして新しい家庭をスタートさせるに当たり,夫婦で家事をどのように分担すればよいか話し合う場面を設定しました。ワークシートの家事分担表を記入させ,それを見せ合いながら「どうしてこのような分担を考えたのか」と,理由をペア,全体の中で意見交換させました。

　第2時では,学校の部活動で学校の改修工事のためグラウンドが半分しか使えなくなるという場面設定で,当事者となる3つの部活動が述べたグラウ

ンドの使い方についての提案を，中立の立場から評価する場面を設定しました。それぞれの提案の長所と短所を考えさせ，最も納得できる提案を選ぶために話し合いをさせました。

　第3時では，ペットを飼いたいという住人の申し出に対して，ペットに対する規約のないマンションの住人が話し合うという場面設定で，自分なりの意見を個人，ペア，小グループ，全体と様々な集団の中で表明させました。

　第4時では，地域清掃への参加について家族の中でだれが参加するか話し合っている場面をスキットにして，セリフを考えさせました。そこから，社会参画について考えさせていきました。

3　授業展開

第1時

T　結婚をして，2人で新しい生活をスタートさせることになりました。2人とも仕事をしており，通勤時間や勤務時間，帰宅時間，通勤距離，給料，勤務日はほぼ同じです。夫婦でどのように家事を分担すればよいと思いますか？

	主に夫	2人で	主に妻
食事をつくる			
洗濯をする			

分担を考えた理由

①個人で，ワークシートの家事分担表に，だれが家事を担うのか，当てはまる枠に○を記入させるとともに，その理由を記述させる。

②座席が隣り合う友だちとペアを組み，互いの分担表を見せ合う。

T　互いの分担表を見て，何か納得いかないことがありましたか？

どのような点で考え方が対立しているのか着目させる。

S　相手の考えでは，一方に家事の負担が重くなっています。

T　どうすれば納得できますか？

どのようにすれば合意できるか考えさせる。

第2時

T 大会3日前から学校の校舎改修工事と重なってしまい、グラウンドが半分しか使えなくなります。グラウンドの使い方について、サッカー部、ソフトボール部、陸上部の提案について、どの提案が最もよいと思うか中立の立場で判断してください。部活動の時間は放課後の2時間です。

各部の提案	メリット	デメリット
サッカー部に毎日1時間、全部使わせてほしい。		
ソフトボール部としては、一日ずつ使用日を決める。		
陸上部としては、グラウンドを3等分して毎日活動する。		

> メリットとデメリットについては、各種目の練習の様子を実際に想定して考えさせると問題点が鮮明になります。

T 各部の提案のメリットとデメリットを考えてみましょう。
S サッカー部の提案は、他の部から見ると公平でないと思います。
S ソフトボール部の提案は、公平だけど、2日間練習できないのは効率的とは言えません。

> メリットとデメリットを考えさせる中で、効率と公正について生徒の意見を引き出します。

第3時

T 私はマンションに住んでいます。子犬を飼いたいと思い管理人に相談したら、このマンションはペットについて決まりが無く、過去に問題になったこともないそうです。住民である皆さんに相談してほしいと言われました。みなさんなら、ペットを飼いたいという申し出に対してどう判断しますか？

> 教師がペットを飼いたい住人の立場になり、生徒に問題を投げかけ授業を展開します。生徒はマンションの住人として判断を迫られる設定を考えました。

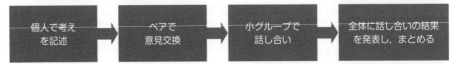

T 賛成する意見の中に,「○○を守ってもらえれば賛成」と条件を付けている意見が多いけど,どうすれば未然に問題が防げたり,起こった問題を解決したりできるかな？

> 生徒の発言を手がかりにして,ルールの必要性について着目させる。

S 話し合ったことをルールとして設定すればよいと思います。

第4時

T 地域の清掃活動のお知らせが,回覧板で回って来ました。参加した方がよいか家族で話題になりました。スキットのシナリオに合うように最後のセリフを考えてみましょう。

母	5月30日に,地域清掃で朝9時に駅前に集合だそうよ。
弟	ゴミ拾いなんて面倒だな。参加したくないよ。
姉	地域の自治会で話し合って決めたことなんだよね。参加するわ。
父	あなたはどう思いますか？
私	＿＿＿＿＿＿＿＿＿＿＿＿＿＿＿＿＿＿＿。

ここがポイント！

　生徒の多様な意見を引き出すためには,生徒が安心して自分の意見を表明できる環境を整えることが不可欠です。そこで,教師は受容的なスタンスを心がけました。例えば,生徒の発表に対して「なるほど」とひと言添えるだけでも,生徒に安心感をもたせられます。安心して意見が言える集団づくりも大切です。生徒には,友だちの意見を一方的に批判しないこと,馬鹿にしないことをあらかじめ指導しました。「友だちの顔を見て話す」「うなずきながら話を聞く」といったコミュニケーションの仕方をアドバイスするのも有効です。

2　授業を変える学習活動の工夫45

公民的分野　私たちと政治　人間の尊重と日本国憲法の基本的原則

施設見学・調査

駅のバリアフリーの取り組みを観察し「権利の保障」の視点から考察させる

1 多様な視点からバリアフリーの取り組みをとらえさせる

　高齢者，身体障害者等の公共交通機関を利用した移動の円滑化の促進に関する法律（交通バリアフリー法）により，公共交通機関の旅客施設に対するバリアフリー化が促進されました。駅は，高齢者や身体障害者，乳幼児を連れた人，外国人など様々な人が利用します。ここでは，生徒が，利用する駅を観察してとらえた具体的なバリアフリーの取り組みを取り上げ，様々な立場の人の「権利の保障」という視点から考察させていきます。

2 学習活動を工夫する意図

　授業で駅の施設を見学に行くことは難しいので，事前に課題として取り組ませました。観察の視点として「どのような工夫があるのか」「どのような人に役立つのか」「どのようなことが改善されるのか」といった点を示しました。授業では，はじめに観察したことを発表させます。次に，バリアフリー化が進められなければ，どのような権利の保障が問題となるのか考察させました。これらの活動を通して，ノーマライゼーションの考え方について理解を図ろうと考えました。

3 授業展開

T　駅の施設を観察して，バリアフリーのために，どのような工夫がされていましたか？

> 事前に課題として取り組ませ，観察してきたことを発表させる。

S　エレベーターの設置やトイレの工夫，点字ブロックがホームに設置されていました。

T エレベーターを例に考えてみましょう。エレベーターが設置されていなければ，駅の利用が難しくなるのはどのような立場の人でしょうか？
S 車イスを利用している人です。
T どのような問題が生じますか？
S 1人で駅を利用できないし，安心して利用できないと思います。
T もし，駅を利用できなければ，どのような権利が保障されないことにつながるのでしょうか？
S 自由に出かけることができないと思います。
S 希望する学校に行くことができなかったり，勤めたい会社に就職できないから，自分らしく生きる権利が保障されないと思います。
（以下，省略）

> 利用する立場を具体的に示して考えさせる。

> 権利の保障の視点から，バリアフリーの意義について考えさせる。

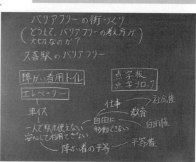

権利の保障について生徒の意見をまとめる

ここがポイント！

　時間の都合上，駅施設の見学を授業で行うのは難しいので，事前に課題として駅の見学を設定し，観察のポイントを指導しました。生徒は駅施設を利用した経験が何度もあり，複数の工夫を取り上げていました。授業では，さらに生徒の理解を深めるために，バリアフリーについて考察させる学習場面を設定しました。例えば，列車の到着案内について，アナウンス（音声），案内板（文字）と個別にとらえていました。これを一体的にとらえさせ，「だれもが利用できるように，様々な情報提供の方法を工夫している」と理解を深めさせていきました。

43 公民的分野 / 私たちと政治 / 民主政治と政治参加

ランキングの活用

身近な地域の街づくりに関する
４つの提案の優先順位を話し合わせる

1 ランキング形式で優先順位を考えさせる

優先順位を決めさせる「ランキング」は，生徒の発表を引き出しやすく，多様な考え方に触れさせることのできる学習活動です。ここでは，地方自治の学習のまとめとして，身近な地域の街づくりの提案について優先順位を話し合わせ，グループとして決定する学習活動を考えました。

2 学習活動を工夫する意図

「大学の移転に伴い，敷地の一部と校舎を市が無償で譲り受けることになり，それを活用した街づくりについての４つの提案を検討し，市に提言する」という場面設定をしました。４つの提案は，少子高齢化，財政の状況，地域の地理的な特色，市の施設の整備状況などを勘案して教師が設定しました。優先順位については，最優先にすべき事項と，優先度の最も低い事項を決めていく「ダイヤモンドランキング」を取り入れました。話し合いの途中で人口予測や税収の見込みなどに関する追加情報を提示して，多様な視点から考えるよう促しました。

3 授業展開

本時の学習の流れ

課題提示と場面設定 → ４つの提案の説明を聞く → 個人で優先順位を考え記述する → 班で優先順位を話し合う → 優先順位の決定と全体で意見交換

提案1　企業を誘致する。敷地を企業に売却し市の収入とする。企業が誘致できれば税収の増加が期待できる。
提案2　福祉施設や公園の整備に活用する。高齢化がさらに進むので，施設を利用すれば，費用を抑えて整備できる。
提案3　運動公園や美術館を整備する。地域にない美術館を設けるとともに，施設を生かして運動公園を整備する。
提案4　住宅団地を造る。敷地を売却し住宅団地の建設を進める。若い人が増えれば，地域の活性化につながる。

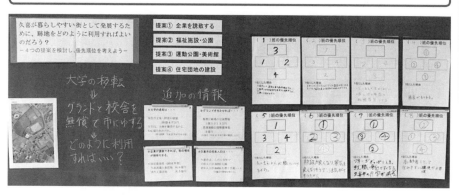

グループで話し合った結果とその理由をシートに記入させ掲示した

　この授業では，どのような理由で優先順位を決めたのか，自分なりに重視したことを説明させることがポイントになります。その際，根拠としたデータや地域の様子なども発言させるとよいでしょう。身近な地域は，生徒にとって様子がわかっているので話しやすいはずです。この授業を通して，一層地域への関心が高まり，よりよい地域づくりに参画しようとする意欲を高めます。

44

公民的分野 | 私たちと国際社会の諸課題 | よりよい社会を目指して

レポートづくり

追究したことをレポートに論述させる

1 レポートに論述させる

「よりよい社会を目指して」は，中学校社会科の学習のまとめとして位置付けられています。「持続可能な社会の形成」といった観点から課題を設けて追究したことをまとめさせ，これから社会参画をしていくための手がかりを得ることを主なねらいとしています。ここでは，追究し，自分なりに考えたことをレポートに論述させました。

2 学習活動を工夫する意図

レポートに論述させることにしたのは，単に調べたことを説明したり，解釈したことを述べたりするだけではなく，追究した過程や思考の過程を，筋道を立てて述べさせることを重視したからです。筋道を立てて述べられるように，次のような項目立て（形式）を示しました。

| ①テーマ | ②テーマ設定の理由 | ③調査方法 |
| ④調べてわかったこと | ⑤考察したこと | ⑥参考資料 |

「調べてわかったこと」については，問題の状況，原因，対策がとらえられるよう情報収集し，必要な情報を選択，整理して説明するよう指示しました。「考察したこと」については，問題解決の現状を自分なりに解釈して述べるとともに，自分の身近なことで取り組めることについて自分なりの考えを記述するよう指示しました。その際，問題解決の現状については，対立と合意，効率と公正といった視点で考察するよう助言しました。身近な取り組みに関

しては，生徒自身に社会参画の手がかりを得させることを意図しました。

3 授業展開

単元の構成例（10時間扱い。（ ）の数字は時数）

- ❶ガイダンスとテーマ設定（1）
- ❷調査方法の検討と情報収集（2）
- ❸情報の選択・整理と考察（1）
- ❹中間発表（1）
- ❺追加の情報収集（1）
- ❻レポート作成（2）
- ❼発表（1）
- ❽学習のまとめ（1）

問題の状況	原因	対策		
		対策1	対策2	対策3

情報を整理し考察するためのワークシート例

　生徒にとって，筋道を立てて論述するのは難しい課題です。そこで，支援の手だてとして型を示すことを考えました。具体的には，レポートの項目立て（項目）を提示するとともに，論述する内容をワークシートに表形式で示し，収集した情報をこの表に整理させます。複数の事例を取り上げる場合，対策1，対策2とナンバリングさせておくと，レポートで説明するとき便利です。レポートに論述する際，調べてわかったこと（根拠に基づいた事実）と考察したことが混在しないよう，区別して記述することを助言しました。

45

地理的分野 | 日本の様々な地域 | 日本の諸地域

課題追究型の単元構成

様々な学習活動を組み合わせて
課題追究型の学習単元を構成する

1 課題追究型の学習単元の構成

　生徒の主体的な学習を促し，課題解決に必要な技能や見方，考え方，表現力などを身に付けさせることをねらい，課題追究型の学習を設定します。課題を見いだす段階から調査結果のまとめまで一連の流れで取り組ませるには，単元を貫く課題を設定して，課題追究のプロセスを踏まえた学習単元を構成する必要があります。ここでは，日本の諸地域について，北海道の地域的特色を「歴史的背景を中核とした考察」により追究させる課題追究型の単元を構成して，様々な学習活動を組み合わせて授業を展開しました。

2 学習活動を工夫する意図

　課題追究型の学習では，課題を見いだし，資料を収集，選択して読み取り，考察し，表現するといった学習のプロセスが考えられます。この流れを踏まえて単元を構成することとしました。その際，追究すること（ここでは北海道の地域的特色）を踏まえて，単元を貫く課題を設定します。

　課題追究の仕方として，北海道を「全域」，北海道を構成する各地域を「基域」ととらえ，北海道の地域的特色が見られる代表的な事例地域をいくつか取り上げてその特色を調べさせ，それらの情報を総合化して北海道全体の特色をとらえさせようと考えました。

　その際，事例地域をグループ内で分担して調べ，それを他の班員に教え合う，ジグソー法を活用して単元構成を考えました。各地域の特色については，エキスパート活動の中で考察させ，それを説明する「発表原稿」をつくらせました。ジグソー活動で得た情報を基に，個人で北海道全体の地域的特色を

整理させ，クロストーク活動を経て，まとめを文章記述させました。

3 授業展開

単元構成（6時間扱い）

第1時　北海道の概観，地域的特色を見いだし単元を貫く課題の設定。
第2時　学習の見通しをもち，調査地域を分担し，インターネットや図書で情報を収集。
第3時　情報の収集，選択と読み取り，特色の考察。
第4時　特色の考察，発表原稿の作成。
第5時　班内で分担した地域の特色を教え合う。
第6時　個人で，教え合った情報を基に北海道全体の特色を考え意見交換。まとめとして，自分なりに解釈した北海道の特色を文章で記述。

北海道地方の概観（第1時）

　北海道地方を概観する学習場面で，主な地形や産業，都市などを地図帳で調べ，ワークシートに記入する学習活動を位置付けました。この学習活動のねらいとして，地図帳の活用技能を身につけさせることがあります。九州地方の学習では，グループで教え合いながら取り組ませましたが，ここでは個人で作業に取り組ませ，習熟を図りました。

各地方の学習ごとに取り組み習熟を図る

課題を見いだし単元を貫く課題を設定する（第1時）

　国土地理院がインターネットで提供している「地理院地図」を利用して，ワークシートで名称を調べさせた札幌，旭川，釧路，函館，帯広，石狩平野，

根釧台地，十勝平野について二万五千分の一の地図と空中写真を準備し，グループで1セット渡しました。これらの地図や空中写真を比較させ，共通点を考えさせました。すると，道路が直線で，土地が四角く区画されていることに着目できます。その理由を推測させると，道路に「一条」「東一号線」など数字がついている名称が地図から読み取れ，計画的につくられたと発言が出ました。そこで，単元を貫く課題を「北海道地方では，どのようにして特色ある農地の開発や街づくりが進められていったのか」と設定しました。

GISを活用して，地形図や空中写真を入手した。日本の諸地域の学習で地形図を意識的に活用し，読図の技能を身につけさせることを考えた。

学び合う学習活動として，多くの地図を見比べさせて共通点を見いだし，気づいたことをグループ内で意見交換させる。

ジグソー学習の展開（第2～6時）

課題追究をジグソー学習の方法によって展開しました。ここでは，同じ地域を分担した生徒で，エキスパート活動を行うために編成したグループを追究班，ジグソー活動で教え合うためのグループを学習班と呼びます。ジグソー学習を次のように展開しました。

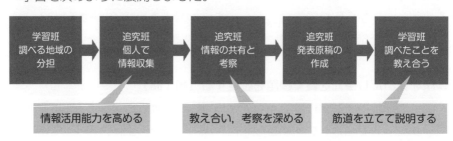

学習班 調べる地域の分担 → 追究班 個人で情報収集 → 追究班 情報の共有と考察 → 追究班 発表原稿の作成 → 学習班 調べたことを教え合う

情報活用能力を高める　教え合い，考察を深める　筋道を立てて説明する

調べる地域を次のように設定しました。

- ●北海道の中心都市，札幌
- ●北海道の玄関，函館
- ●北洋漁業の基地，釧路
- ●稲作が盛んな石狩平野の開発
- ●畑作が盛んな十勝平野の開発
- ●酪農が盛んな根釧台地の開発

エキスパート活動では，まず，インターネットや書籍を使って情報を収集させました。次時で収集した情報を追究班の中で教え合い，必要な情報を選択，共有させました。そして，農地の開発や街づくりと関連する，自然環境や産業，歴史的経緯や人々の営みなどの情報を関連付け，調べた地域の特色について意見交換させ，発表原稿にまとめさせました。

調べたことを教え合い，必要な情報を選択，共有させる。

ジグソー活動では，学習班に戻り，追究班で調べたことを教え合います。発表原稿をもとに，筋道を立てて説明させます。その際，必ず地図で位置を示すよう指示しました。説明では，キーワードを繰り返し言うようにさせ，聞き手には，ウェッビングマップをつくる要領で，キーワードや短文でメモさせ，その関連を線で結ぶなどさせました。

聞き取ったことを，ウェッビングマップを作成する要領でまとめさせる。

第6時の前半に，ジグソー活動で学んだ北海道各地の特色を白地図にまとめさせました。そして，クロストーク活動として気づいたことを発表させました。生徒の発言を板書で整理しました。

> 北海道各地の特色について全体で確認し，基礎的な知識を押さえさせる。

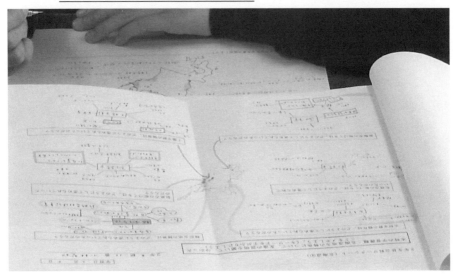

ジグソー活動で教え合ったことを白地図にまとめさせる

学習のまとめ（第6時）

　ジグソー活動で教え合ったことを白地図にまとめさせる作業では，地図に位置を示し，それと結びつける形で地図のまわりに説明や関連図などを書き込ませました。

> 地図を使って表現する技能の育成を図る。

　第6時の後半で，自分なりに解釈した北海道の地域的特色を文章で記述させました。その際，北海道の自然環境や産業などと関連づけて，農地の開発や街づくりの特色を説明し，その結果，北海道が日本の諸地域の中でどのような特色があるのか自分なりに解釈したことを記述するよう助言しました。

> 言語活動の充実を図り，学習をまとめさせる。

ここがポイント！

課題追究型の学習を展開するうえで，次のようなことに気をつけました。

● 北海道地方の学習が，日本の諸地域の最後の小単元に当たることから，これまで学習してきた知識や技能を活用して習熟を図る学習場面を設定する。

● 生徒の関心を引き出し，生徒が追究できる適切な学習課題の設定に気をつける。方策として，課題を見いだす活動を工夫する。具体的には，地形図や空中写真を読み取る活動を通して，視覚的に北海道各地域に見られる共通点をとらえさせ，単元を貫く課題の設定につなげる。

● 課題追究のプロセスを踏まえて単元構成を考える。そして，学習目標の達成に効果的な学習活動を，生徒の発達段階や学習経験などを勘案して選択する。ここでは，ジグソー学習を取り入れ，生徒同士で教え合いながら学習を進めさせるとともに，意見交換を通して考えを深めさせ，北海道の地域的特色の理解へとつなげていく。

● 考察の過程で，日本の諸地域では動態地誌的に地域的特色を追究することを踏まえて，分担した各地域について「どうしてこのような特色が見られるのか」と追究課題を設け，収集した情報を読み取り，事象間の関連を考えるといった手順で追究させる。

● 発表原稿の作成，白地図を使ったまとめ，文章記述と，追究した過程や結果を表現する場面を複数回設け，生徒の思考を深めさせる。

4 評価について

　評価については，単元の指導目標を設定し，各授業の目標については焦点化を図り，単元全体としての評価計画を作成しました。観点により，2〜3時間の中で評価することとし，学習の過程で努力を要すると判断できる生徒に対して助言するなど必要な指導を行い，指導と評価の一体化に努めました。その際，あらかじめ学習活動に即して，予想される生徒の学習状況を想定しておき，これを尺度として評価活動に利用しました。

単元の指導目標

- 北海道地方の地域的特色に対する関心を高め，それを意欲的に追究させる。【関心・意欲・態度】
- 北海道地方の地域的特色を，歴史的背景を中核とした考察の仕方を基に多面的・多角的に考察させ，その過程や結果を適切に表現させる。【思考・判断・表現】
- 北海道地方の地域的特色を追究するのに有用な資料を収集させるとともに，適切に読み取らせる。【技能】
- 北海道地方について，歴史的背景を中核とした考察の仕方を基に地域的特色を理解させ，その知識を身に付けさせる。【知識・理解】

単元の評価規準

関心・意欲・態度	思考・判断・表現	技能	知識・理解
北海道地方の地域的特色に対する関心を高め，それを意欲的に追究し，とらえようとしている。	北海道地方の地域的特色を，歴史的背景を中核とした考察を基に多面的・多角的に考察し，その過程や結果を適切に表現している。	北海道地方の地域的特色に関する様々な資料を収集し，適切に読み取っている。	北海道地方について，歴史的背景を中核とした考察を基に地域的特色を理解し，その知識を身につけている。